SUMARIO

EL CUERPO HUMANO

Básicamente, el cuerpo humano se compone de muchos millones de átomos. Convenientemente agrupados y combinados, estos átomos forman una cadena de elementos varios que dan lugar a diferentes unidades funcionales que el cuerpo necesita para vivir y mantenerse. Aquí se expone dicha cadena.

ÁTOMO

Es la parte más pequeña de que se compone cualquier elemento del cuerpo.

H_2O

COMPUESTO QUÍMICO

Está formado por un grupo de átomos. Así, por ejemplo, una molécula de agua, el complejo que más abunda en el cuerpo humano (entre el 55 % y el 65 %), está formada por dos átomos de hidrógeno y uno de oxígeno.

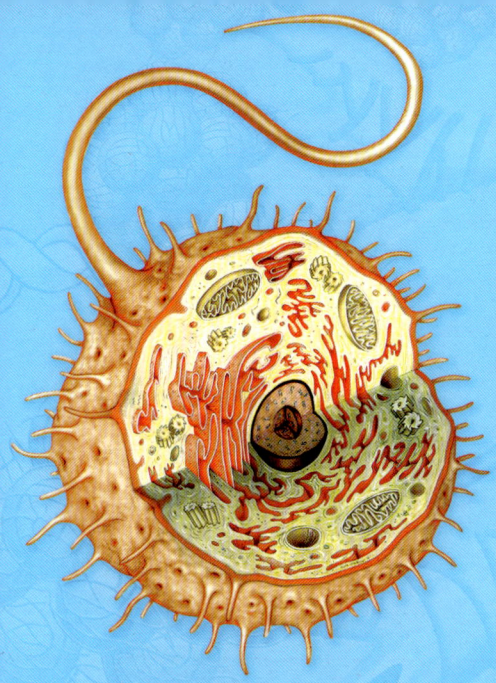

CÉLULA

Agrupación de diferentes compuestos químicos que forman todas las estructuras del cuerpo humano. Pueden ser de tipos diferentes, de acuerdo con los tejidos que forman.

ÓRGANOS

Estructura del cuerpo que está formada por diferentes tejidos, cada uno de ellos con una función propia: músculo, hueso, hígado, riñón, corazón, pulmón, etc.

TEJIDOS

Grupo de células parecidas que llevan a cabo una función determinada. Existen tejidos diferentes: nervioso, muscular, cardiaco, adiposo, etcétera.

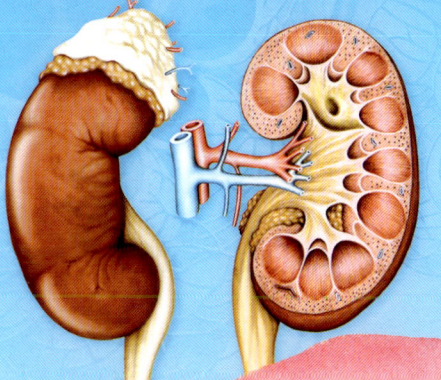

Cada milímetro de nuestro cuerpo está compuesto por células. Son tan pequeñas que para verlas habría que usar un microscopio. Tenemos millones y millones de ellas, muy diferentes según el lugar que ocupan y la función que desarrollan.

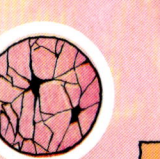

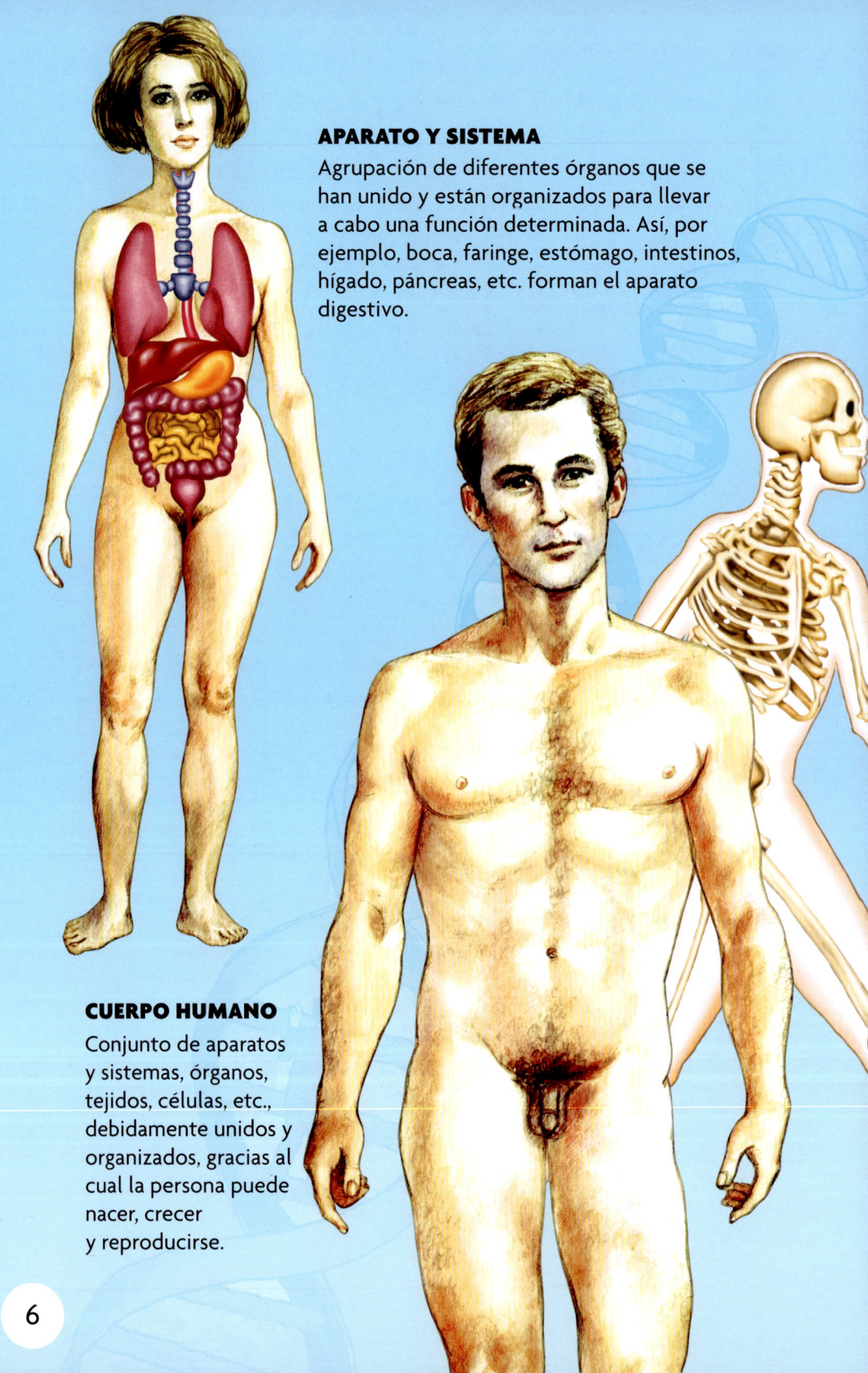

APARATO Y SISTEMA

Agrupación de diferentes órganos que se han unido y están organizados para llevar a cabo una función determinada. Así, por ejemplo, boca, faringe, estómago, intestinos, hígado, páncreas, etc. forman el aparato digestivo.

CUERPO HUMANO

Conjunto de aparatos y sistemas, órganos, tejidos, células, etc., debidamente unidos y organizados, gracias al cual la persona puede nacer, crecer y reproducirse.

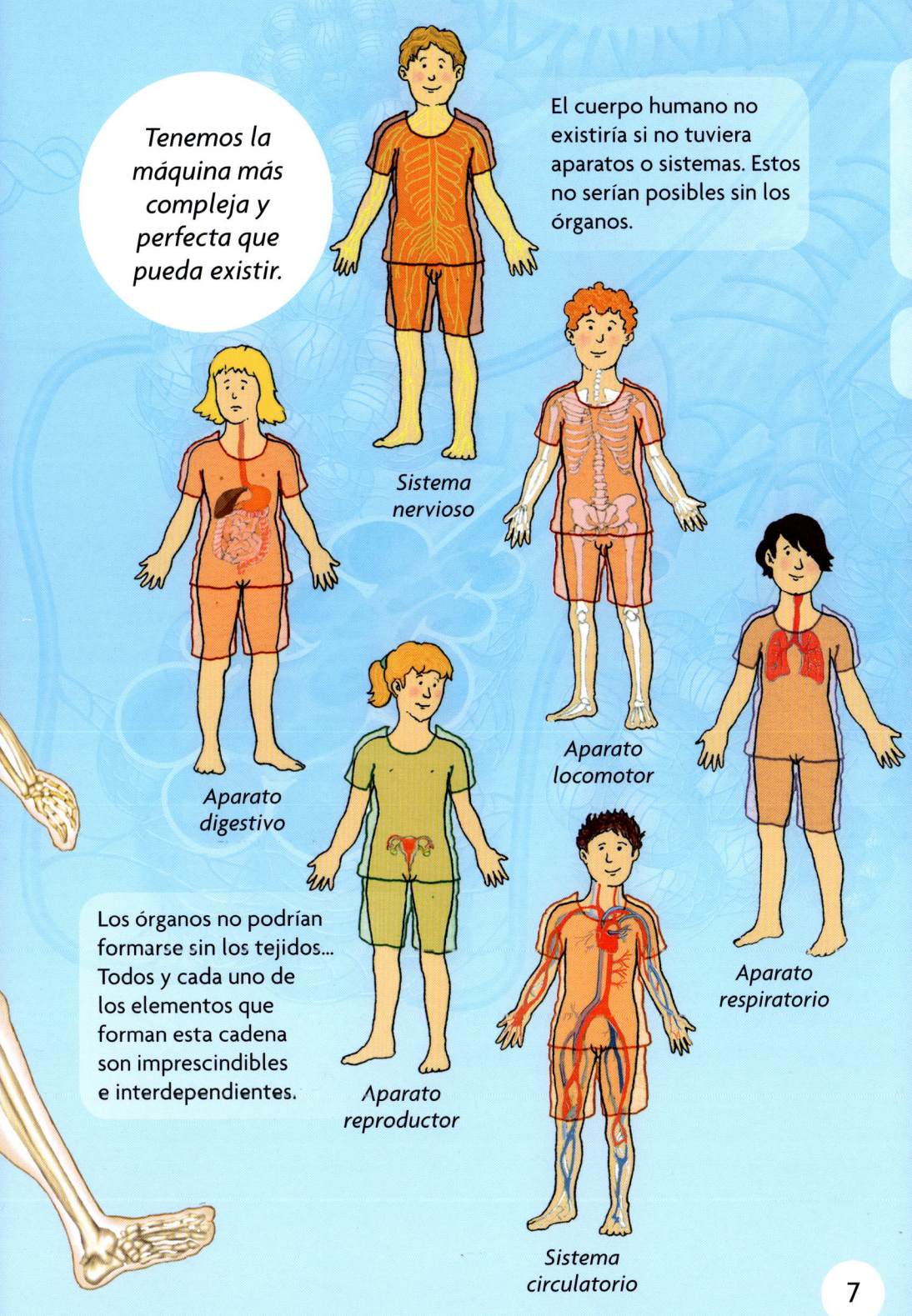

Tenemos la máquina más compleja y perfecta que pueda existir.

El cuerpo humano no existiría si no tuviera aparatos o sistemas. Estos no serían posibles sin los órganos.

Sistema nervioso

Aparato digestivo

Aparato locomotor

Aparato respiratorio

Los órganos no podrían formarse sin los tejidos... Todos y cada uno de los elementos que forman esta cadena son imprescindibles e interdependientes.

Aparato reproductor

Sistema circulatorio

LA CÉLULA

La célula es la unidad fundamental de la vida de todo ser vivo. Consta de diferentes componentes (agua, hidratos de carbono, proteínas, grasas, ácidos nucleicos, etc.). Dispone de complicados mecanismos para desarrollar distintas funciones (alimentación, defensa, producción de energía, reproducción, etc.).

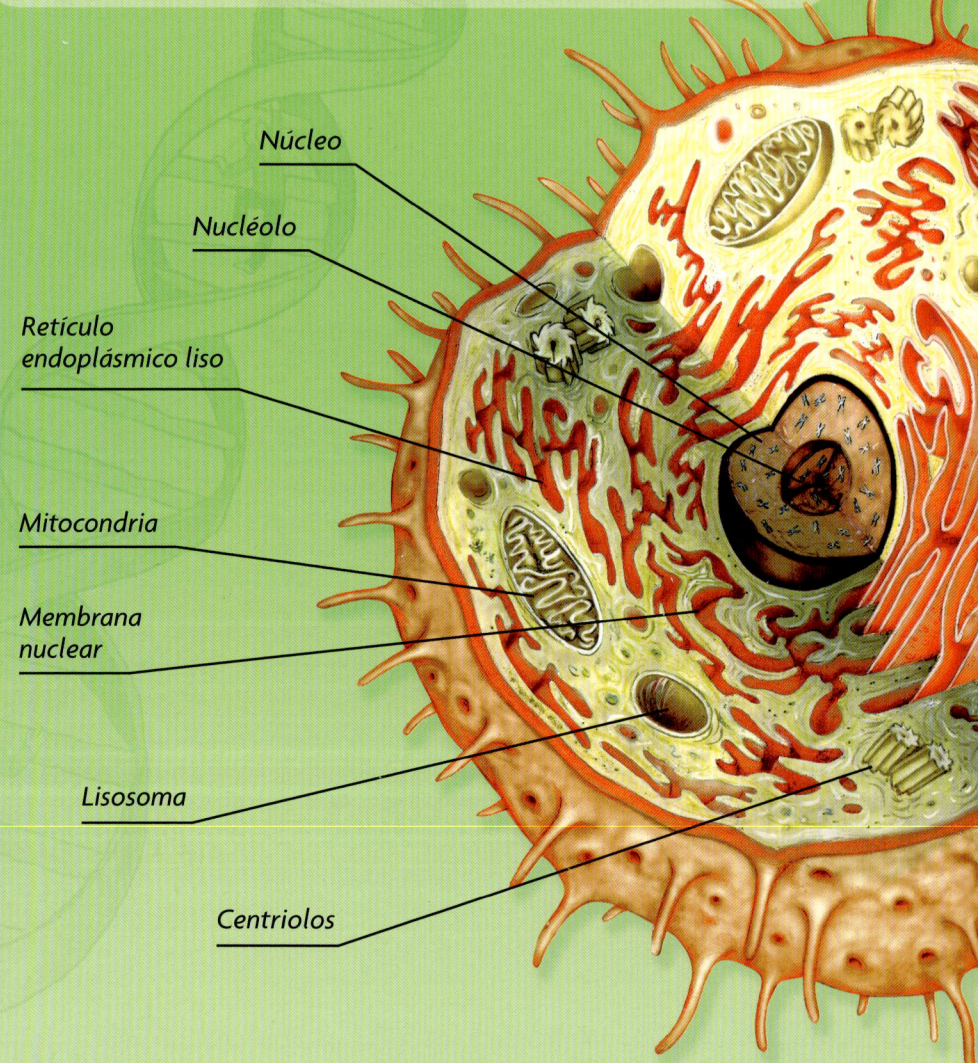

Núcleo

Nucléolo

Retículo endoplásmico liso

Mitocondria

Membrana nuclear

Lisosoma

Centriolos

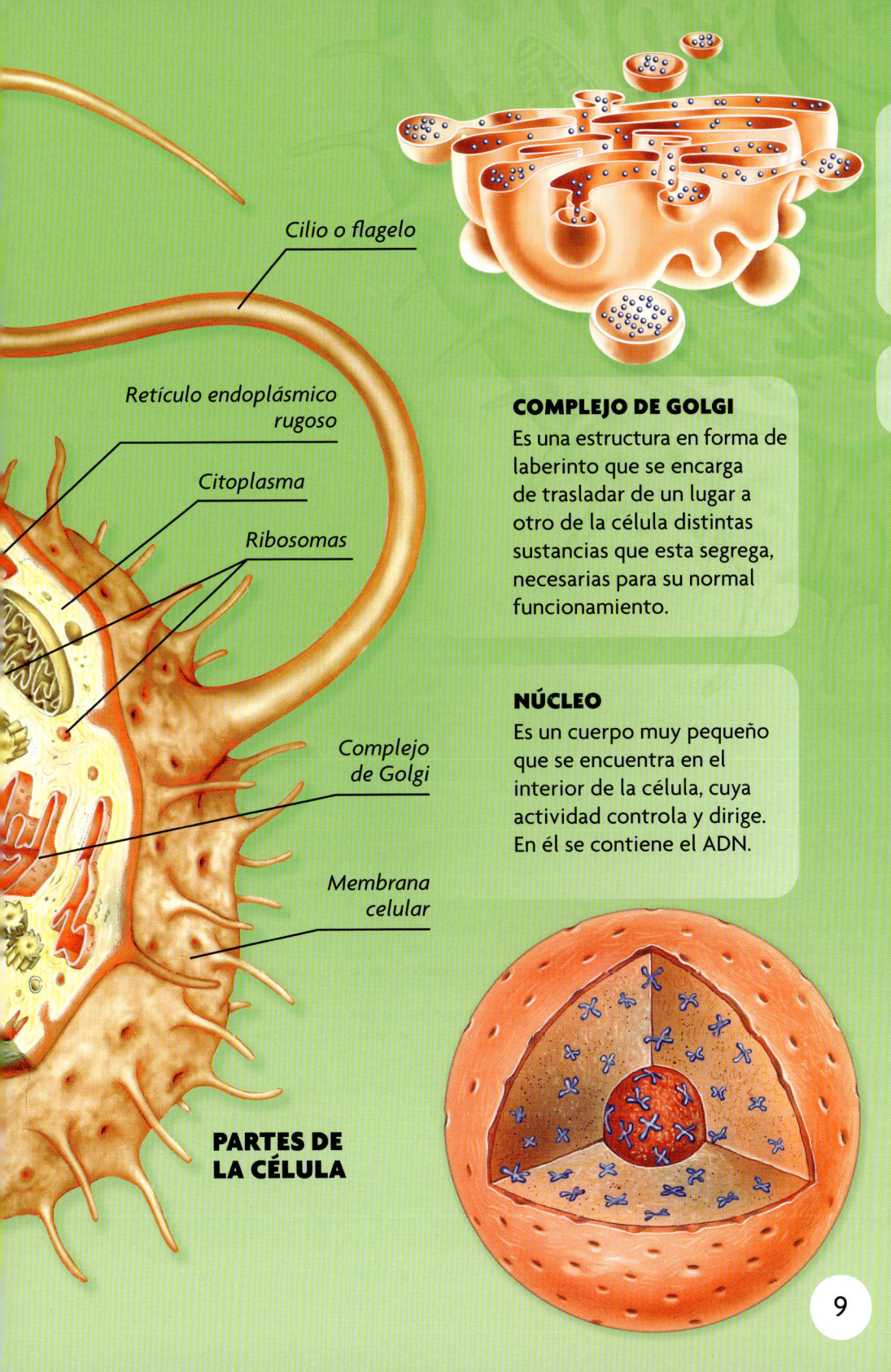

Cilio o flagelo

Retículo endoplásmico rugoso

Citoplasma

Ribosomas

Complejo de Golgi

Membrana celular

PARTES DE LA CÉLULA

COMPLEJO DE GOLGI

Es una estructura en forma de laberinto que se encarga de trasladar de un lugar a otro de la célula distintas sustancias que esta segrega, necesarias para su normal funcionamiento.

NÚCLEO

Es un cuerpo muy pequeño que se encuentra en el interior de la célula, cuya actividad controla y dirige. En él se contiene el ADN.

Una célula es la unidad de vida más pequeña que existe. Además, cada célula cumple una función en nuestro cuerpo.

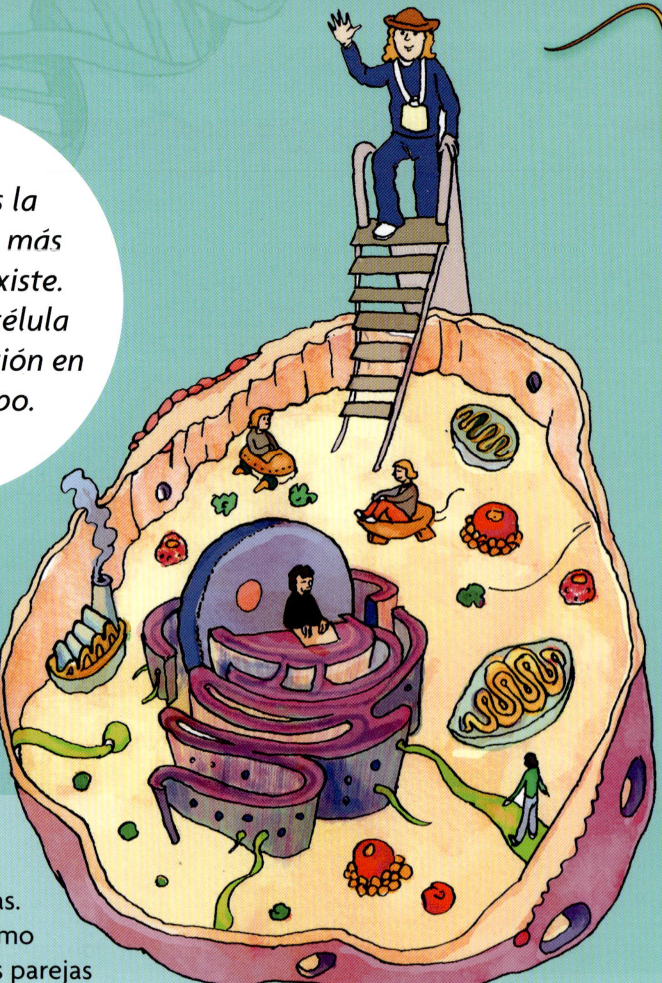

La especie humana tiene 46 cromosomas, dispuestos en 23 parejas. Tanto en el hombre como en la mujer, 22 de estas parejas son iguales, mientras que la pareja restante, que es la que define el sexo de las personas, es diferente: cromosomas Y para el sexo masculino y cromosomas X para el sexo femenino.

CENTRIOLOS

Curiosas estructuras muy importantes en la reproducción de la célula, que se realiza por división de esta.

CILIO O FLAGELO

Apéndice que tienen algunas células, entre ellas el espermatozoide humano. Sirve para que dicha célula pueda desplazarse de un lugar a otro.

RETÍCULO ENDOPLÁSMICO LISO

Está formado por una serie de membranas dispuestas a manera de laberinto. Su función principal es la síntesis de lípidos, sobre todo los fosfolípidos y el colesterol.

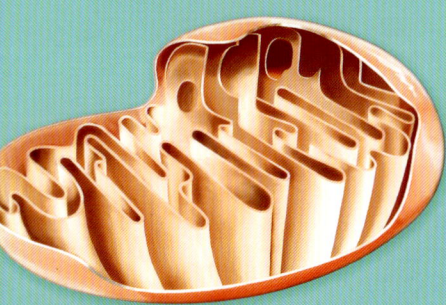

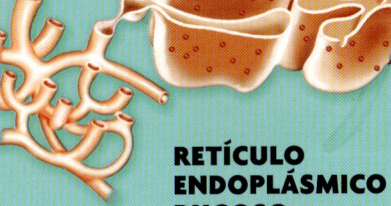

MITOCONDRIA

Viene a ser la central productora de la energía que necesita la célula para subsistir y funcionar normalmente.

RETÍCULO ENDOPLÁSMICO RUGOSO

Entramado de diferentes membranas que se encarga de la producción de proteínas y glucoproteínas.

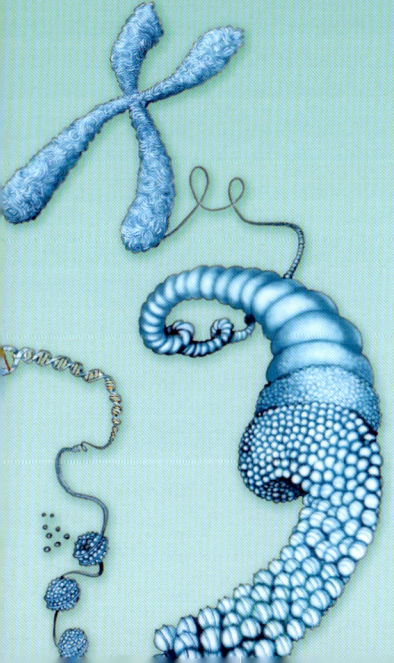

CROMOSOMAS

Los cromosomas son estructuras que aparecen en el núcleo de la célula solo cuando esta se reproduce. Constan de dos mitades idénticas, lo cual hace que tengan duplicada su dotación de ADN, que es el material que contiene los genes de cada persona. Los cromosomas también contienen proteínas que ayudan al ADN.

EL ADN

El ADN es el material que forma los cromosomas del núcleo celular y que regula el crecimiento y la reproducción de las células. El ADN influye en la producción de las proteínas, compuestos químicos responsables de las funciones que desempeñan las células.

El núcleo de cada célula contiene 46 cromosomas. El cromosoma es una molécula larga y enroscada que contiene 100.000 genes. Cada gen controla una función celular específica.

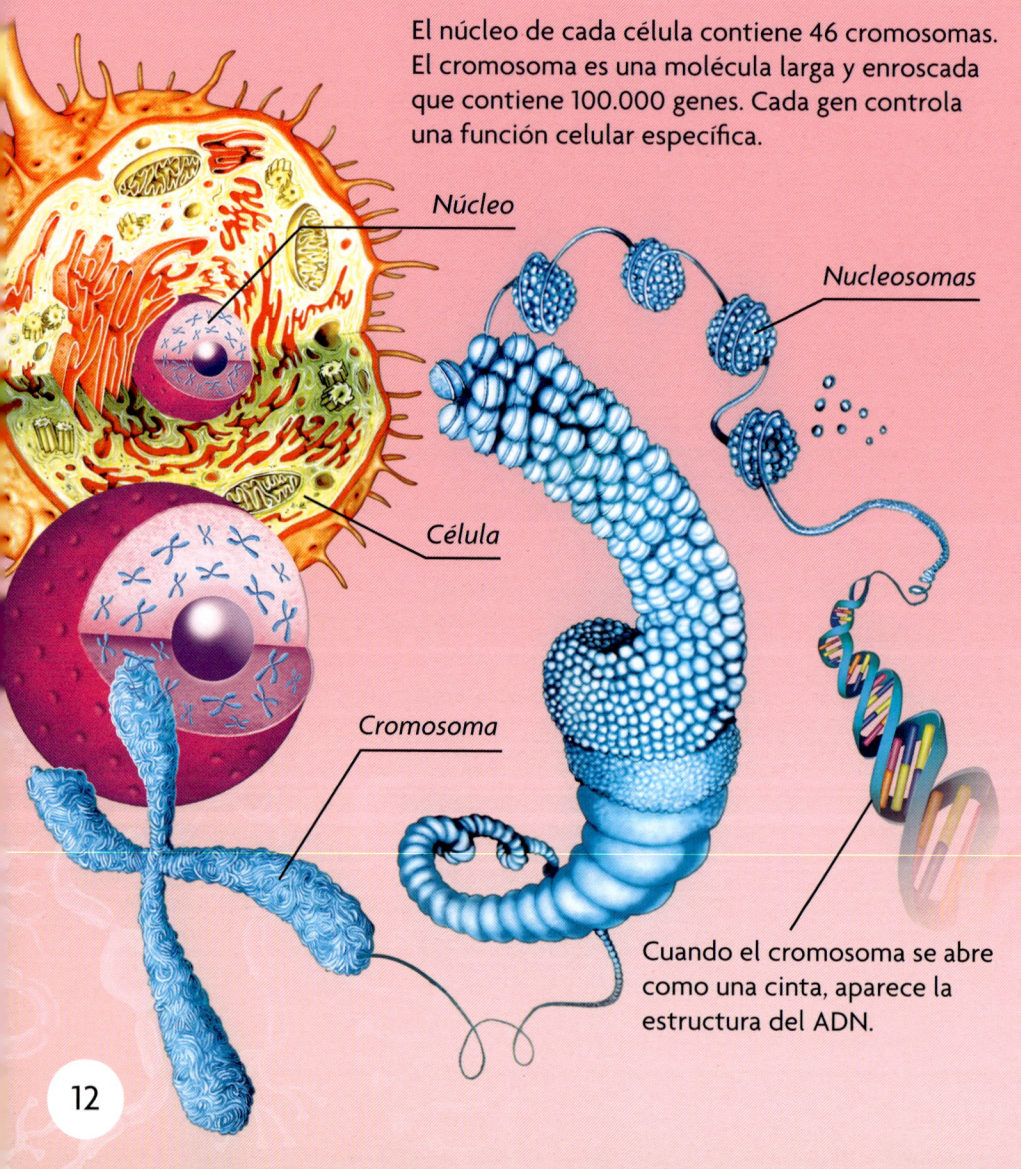

Núcleo

Nucleosomas

Célula

Cromosoma

Cuando el cromosoma se abre como una cinta, aparece la estructura del ADN.

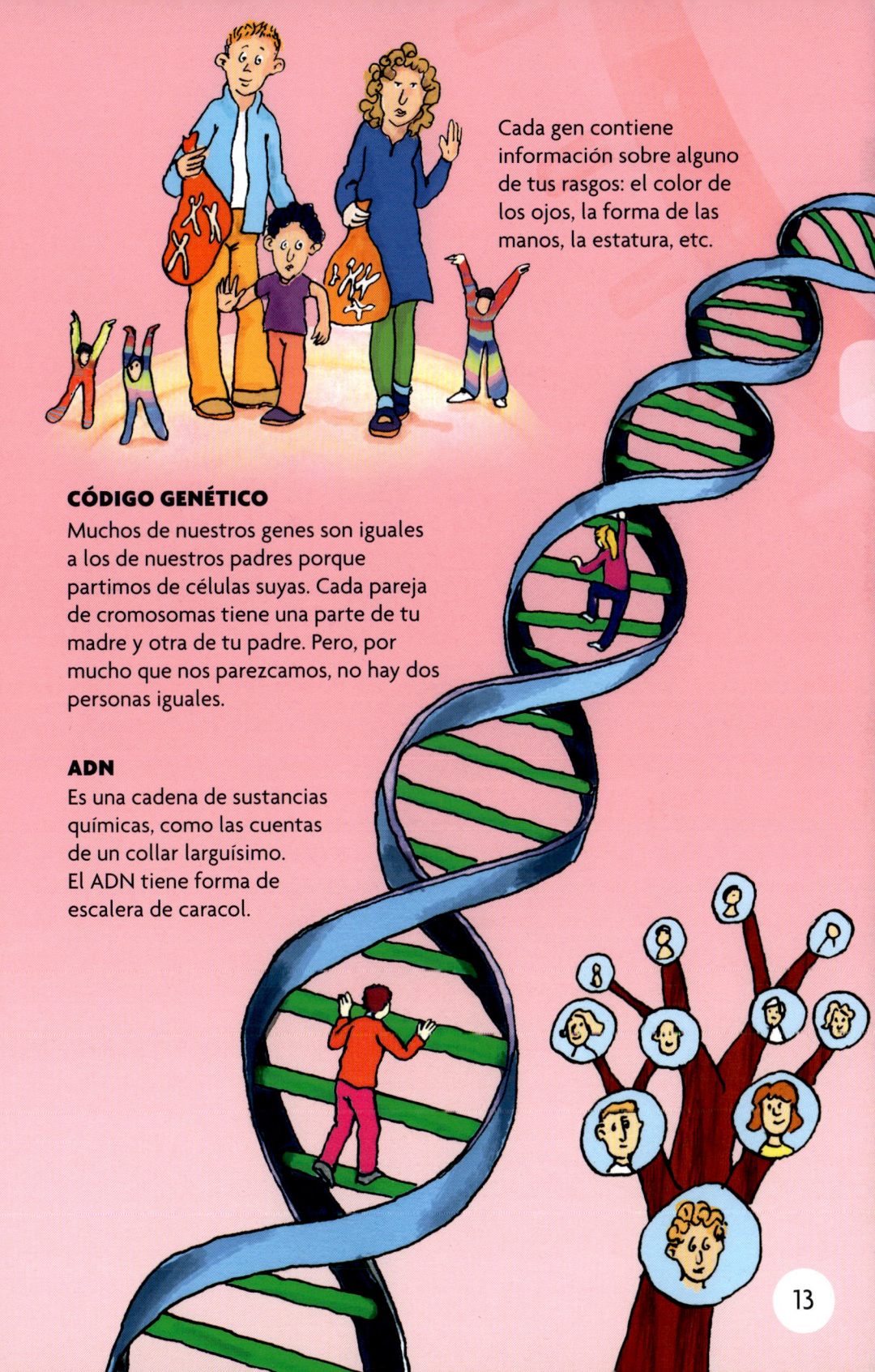

Cada gen contiene información sobre alguno de tus rasgos: el color de los ojos, la forma de las manos, la estatura, etc.

CÓDIGO GENÉTICO

Muchos de nuestros genes son iguales a los de nuestros padres porque partimos de células suyas. Cada pareja de cromosomas tiene una parte de tu madre y otra de tu padre. Pero, por mucho que nos parezcamos, no hay dos personas iguales.

ADN

Es una cadena de sustancias químicas, como las cuentas de un collar larguísimo. El ADN tiene forma de escalera de caracol.

EL ESQUELETO

Constituye la estructura de soporte y el medio de movilización, pues sostiene el peso de todos los órganos y sistemas del cuerpo humano, a los cuales, en algunas zonas, sirve de protección; además, junto con músculos y articulaciones, con quienes forma el aparato locomotor, permite el desplazamiento y movilidad de todo el cuerpo.

En el cuerpo humano hay unos 206 huesos, que tienen formas diferentes, según la función que cada uno de ellos desempeña.

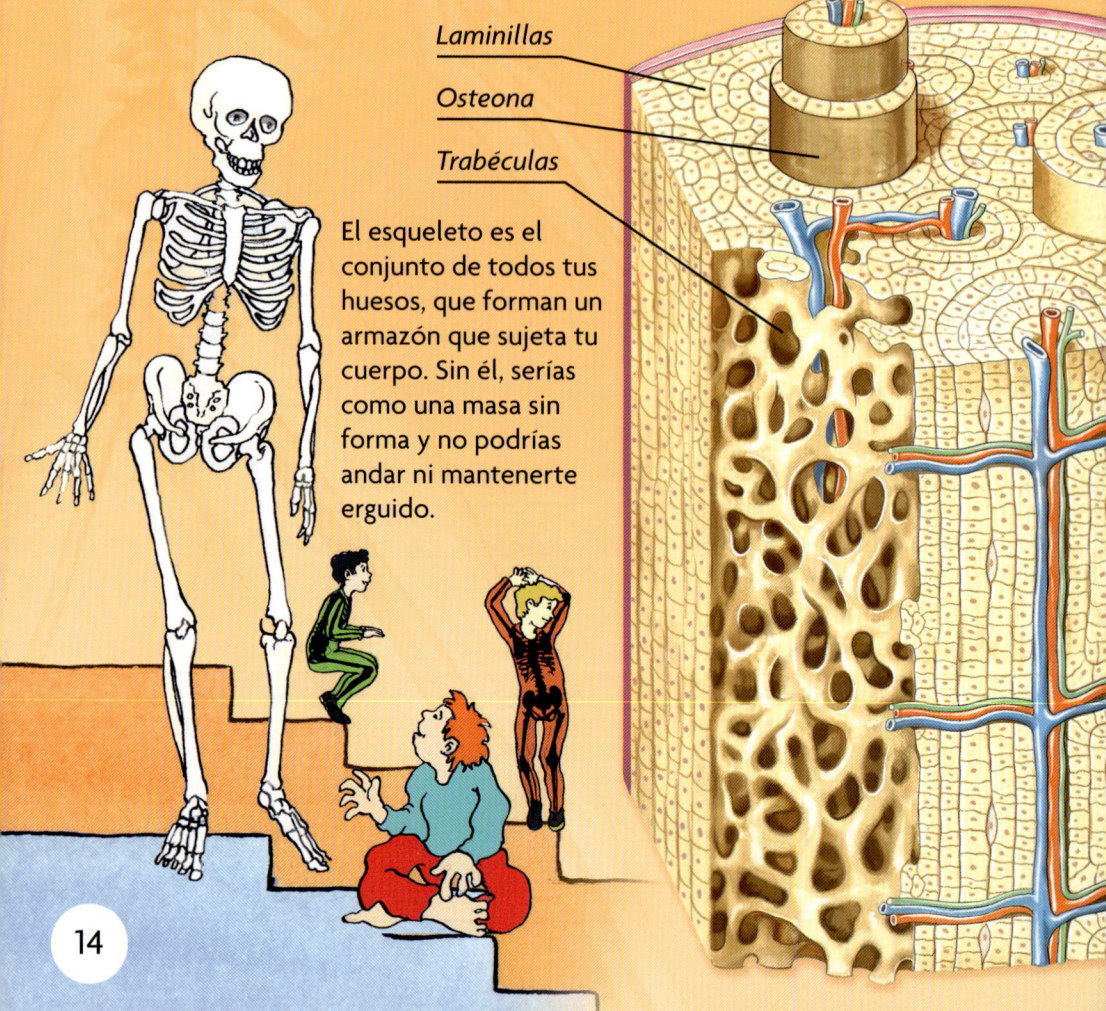

Laminillas

Osteona

Trabéculas

El esqueleto es el conjunto de todos tus huesos, que forman un armazón que sujeta tu cuerpo. Sin él, serías como una masa sin forma y no podrías andar ni mantenerte erguido.

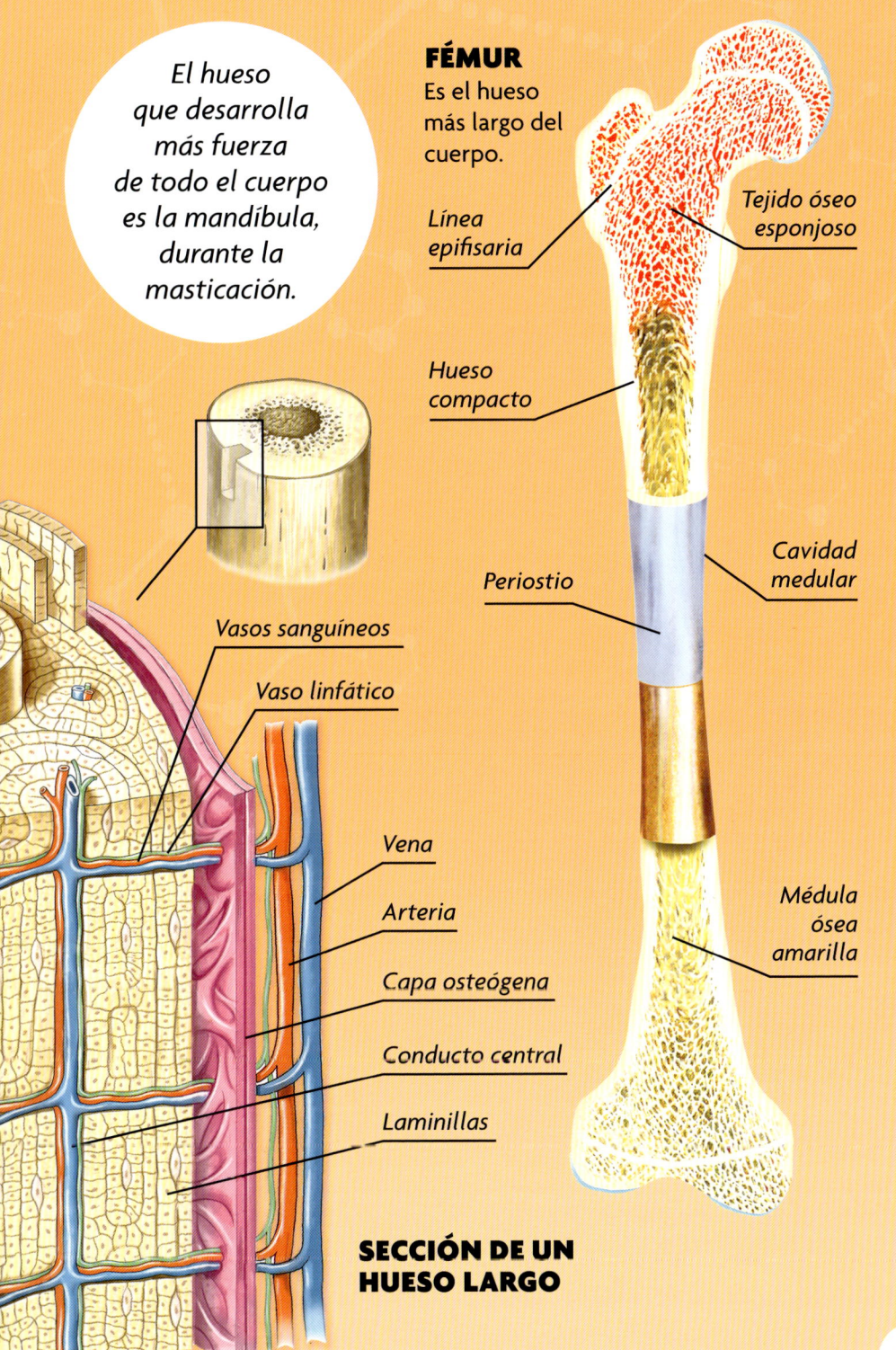

El hueso que desarrolla más fuerza de todo el cuerpo es la mandíbula, durante la masticación.

FÉMUR
Es el hueso más largo del cuerpo.

Tejido óseo esponjoso

Línea epifisaria

Hueso compacto

Cavidad medular

Periostio

Vasos sanguíneos

Vaso linfático

Vena

Arteria

Capa osteógena

Conducto central

Laminillas

Médula ósea amarilla

SECCIÓN DE UN HUESO LARGO

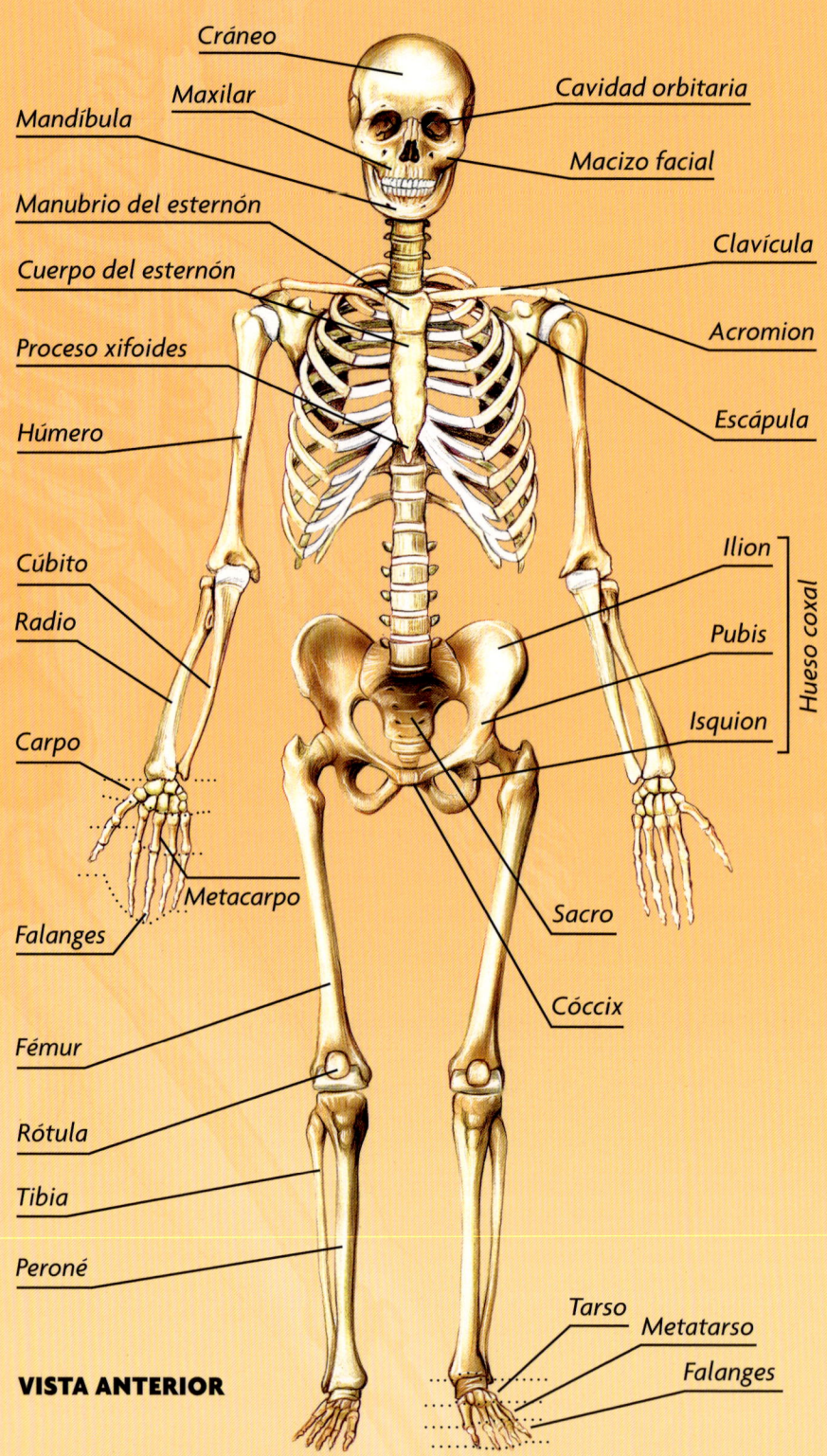

Cráneo

Maxilar

Mandíbula

Cavidad orbitaria

Macizo facial

Manubrio del esternón

Clavícula

Cuerpo del esternón

Acromion

Proceso xifoides

Escápula

Húmero

Cúbito

Ilion

Radio

Pubis

Hueso coxal

Carpo

Isquion

Metacarpo

Falanges

Sacro

Fémur

Cóccix

Rótula

Tibia

Peroné

Tarso

Metatarso

Falanges

VISTA ANTERIOR

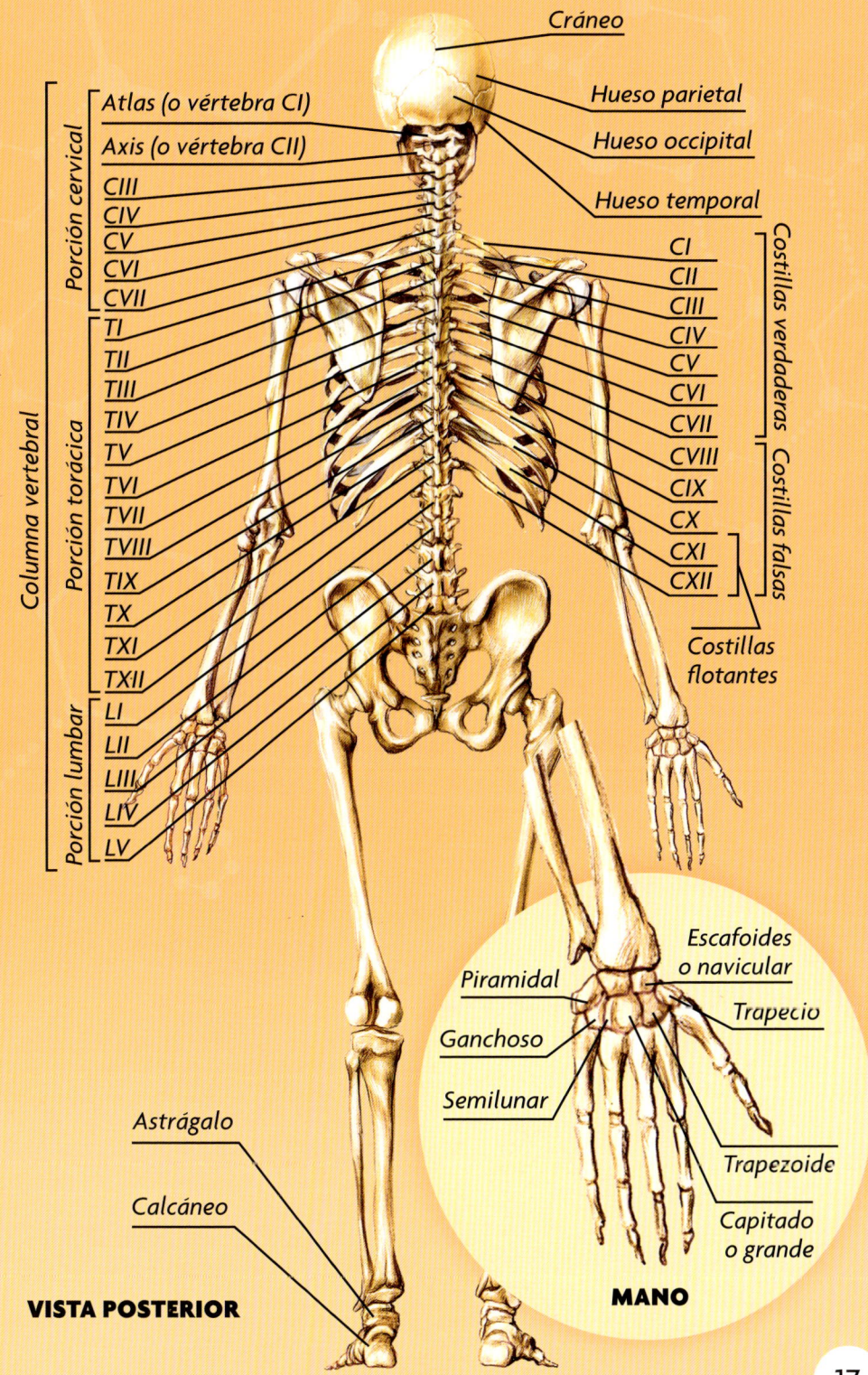

Cráneo

Hueso parietal

Hueso occipital

Hueso temporal

Atlas (o vértebra CI)

Axis (o vértebra CII)

CIII
CIV
CV
CVI
CVII

Porción cervical

TI
TII
TIII
TIV
TV
TVI
TVII
TVIII
TIX
TX
TXI
TXII

Porción torácica

Columna vertebral

LI
LII
LIII
LIV
LV

Porción lumbar

CI
CII
CIII
CIV
CV
CVI
CVII

Costillas verdaderas

CVIII
CIX
CX

Costillas falsas

CXI
CXII

Costillas
flotantes

Astrágalo

Calcáneo

VISTA POSTERIOR

Escafoides
o navicular

Piramidal

Trapecio

Ganchoso

Semilunar

Trapezoide

Capitado
o grande

MANO

17

LA MÉDULA ÓSEA

La médula ósea es un tejido que se encuentra en el interior del hueso. Está formada por una rica red de arterias y venas y una serie de células que pueden producir glóbulos sanguíneos (médula roja) o transformarse en grasa (médula amarilla).

DOBLE FUNCIÓN

La médula ósea tiene una doble función: la producción de glóbulos sanguíneos y una función inmunitaria, ya que en ella se generan los precursores de células que lucharán contra elementos extraños y dañinos.

Por el interior de la médula circulan las vías nerviosas y de ella salen los nervios espinales que llegarán a todas las partes del cuerpo.

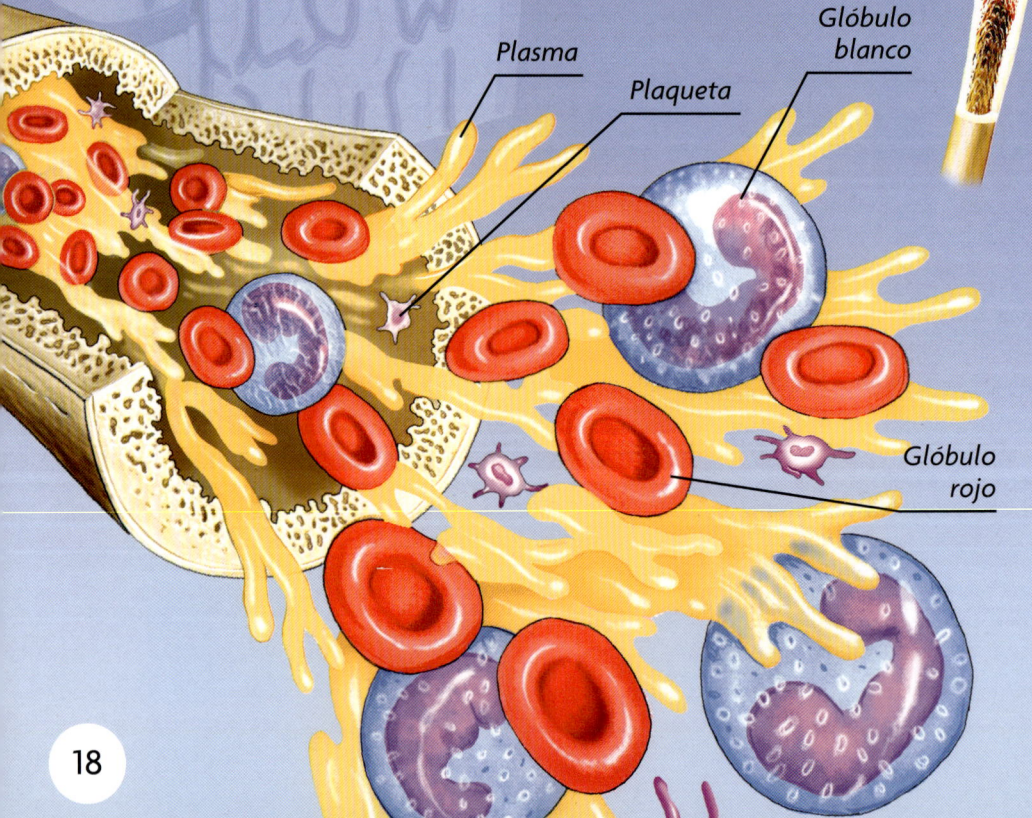

Plasma

Plaqueta

Glóbulo blanco

Glóbulo rojo

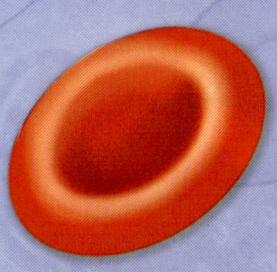

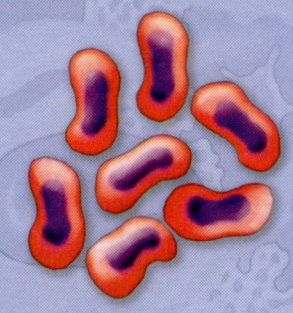

GLÓBULOS ROJOS

Se encargan de transportar a las células el oxígeno que necesitan.

PLAQUETAS

Forman los coágulos sanguíneos que impiden la pérdida de sangre cuando se produce una hemorragia.

GLÓBULOS BLANCOS

Su función es defender el organismo frente a las infecciones.

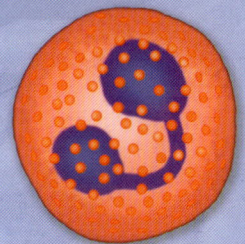

Eosinófilos

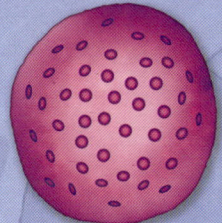

Basófilos

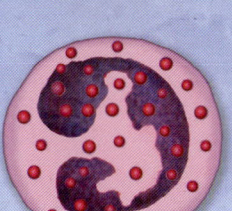

Neutrófilos

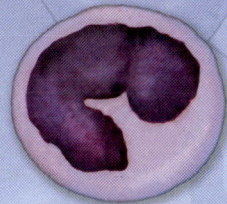

Monocitos

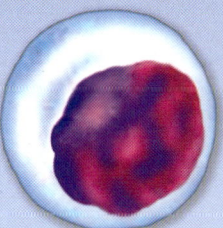

Linfocitos T

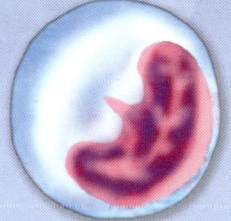

Linfocitos B

LOS MÚSCULOS

Son órganos formados por tejidos que pueden contraerse o relajarse. Los esqueléticos se disponen en diferentes capas alrededor de los huesos que forman el esqueleto y los lisos se encuentran en los órganos internos. Pueden ser de diferentes tipos según sea la función que desempeñen.

Son los motores de tu cuerpo. A ellos se debe la fuerza que el cuerpo necesita para realizar los movimientos. Representan un 40 % del peso corporal. Están sujetos a los huesos por unas fibras muy fuertes llamadas «tendones», que se estiran y encogen para mover los huesos gracias a los impulsos nerviosos que manda el cerebro.

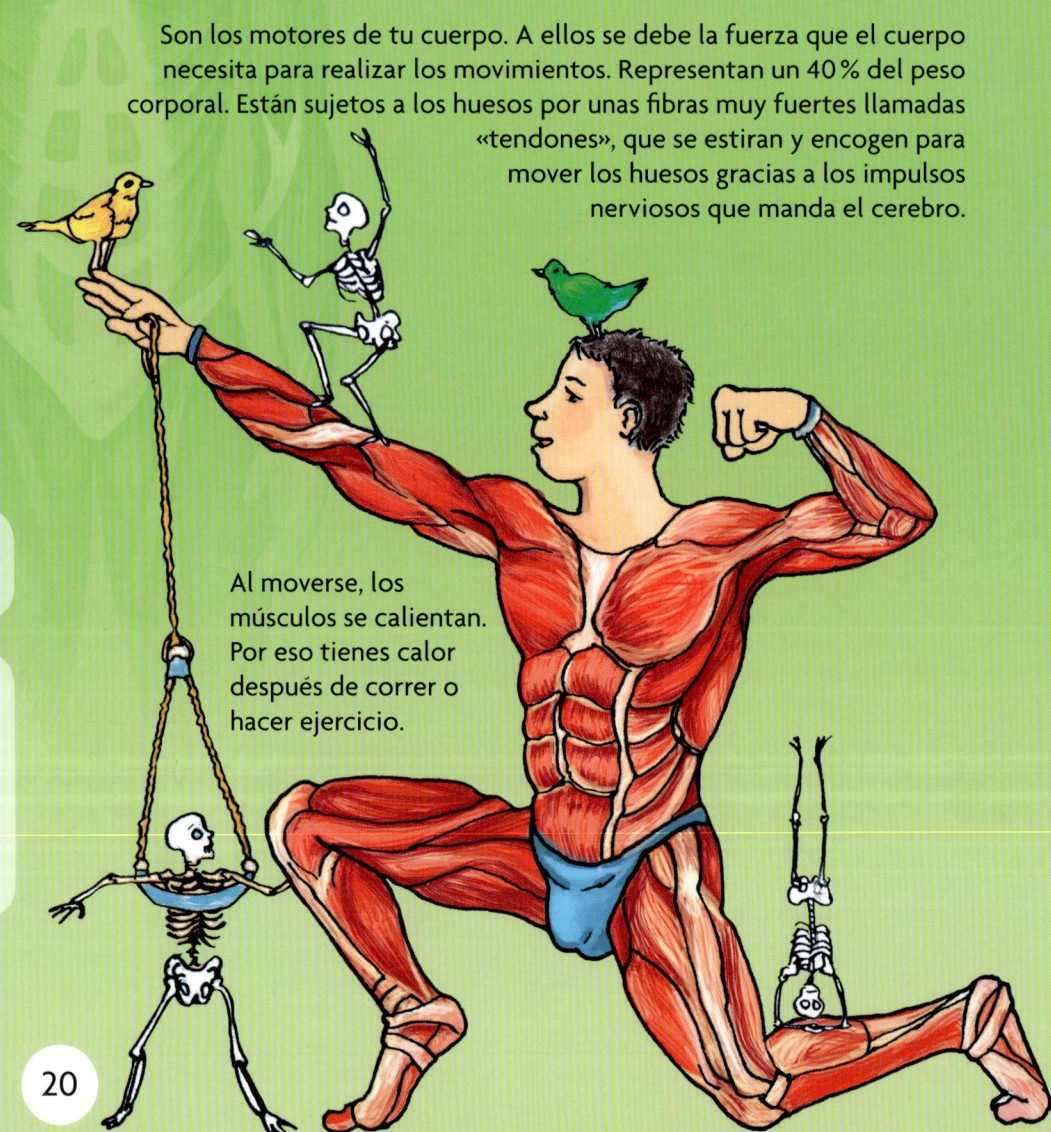

Al moverse, los músculos se calientan. Por eso tienes calor después de correr o hacer ejercicio.

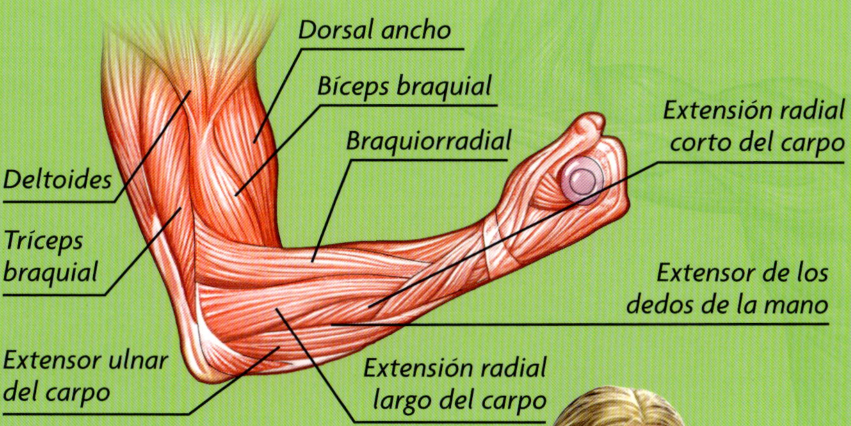

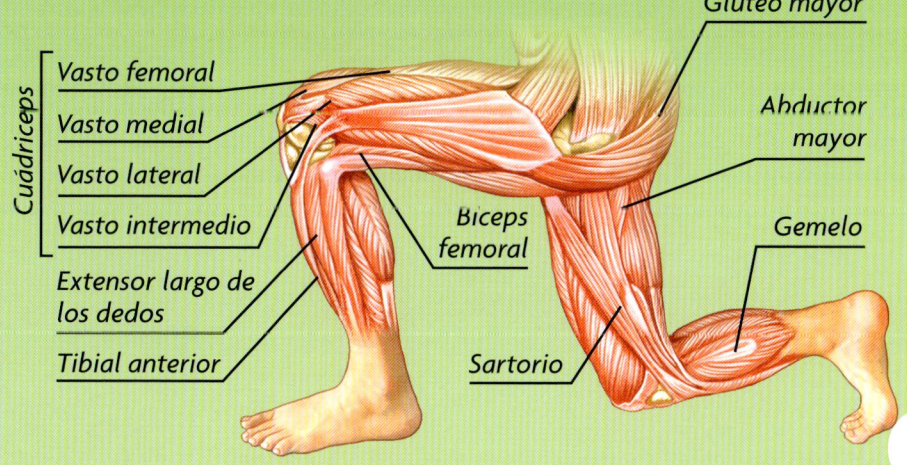

Dorsal ancho

Bíceps braquial

Braquiorradial

Extensión radial
corto del carpo

Deltoides

Tríceps
braquial

Extensor de los
dedos de la mano

Extensor ulnar
del carpo

Extensión radial
largo del carpo

REALIZAR UN ESFUERZO

Debajo de la piel una serie de
músculos se ponen en acción
conjuntamente y, con su
contracción, se tensan y hacen
posible la acción que la persona
va a realizar.

CONJUNTO DE MÚSCULOS

Por ligero que sea el movimiento,
es imposible realizarlo sin la
participación de un conjunto de
músculos. Ellos son también los
que modelan la figura humana.

Glúteo mayor

Vasto femoral

Vasto medial

Abductor
mayor

Cuádriceps

Vasto lateral

Vasto intermedio

Bíceps
femoral

Gemelo

Extensor largo de
los dedos

Tibial anterior

Sartorio

MÚSCULOS VOLUNTARIOS

Son los que más abundan en el cuerpo. Se encuentran en torno a los huesos. Pueden moverse voluntariamente. Protegen los órganos internos, dan forma al cuerpo y determinan la expresión de la cara. Se caracterizan por su contracción rápida. Cuando realizan un movimiento, trabajan en parejas: mientras uno se contrae, el otro se relaja.

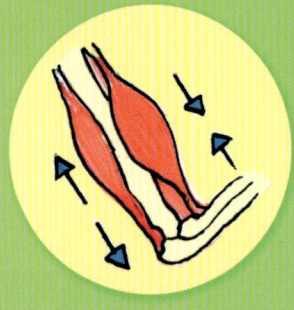

Al flexionar y extender el brazo, el bíceps y el tríceps se coordinan para trabajar juntos. El bíceps se contrae cuando flexionas y el tríceps se estira; ocurre lo contrario cuando extiendes el brazo.

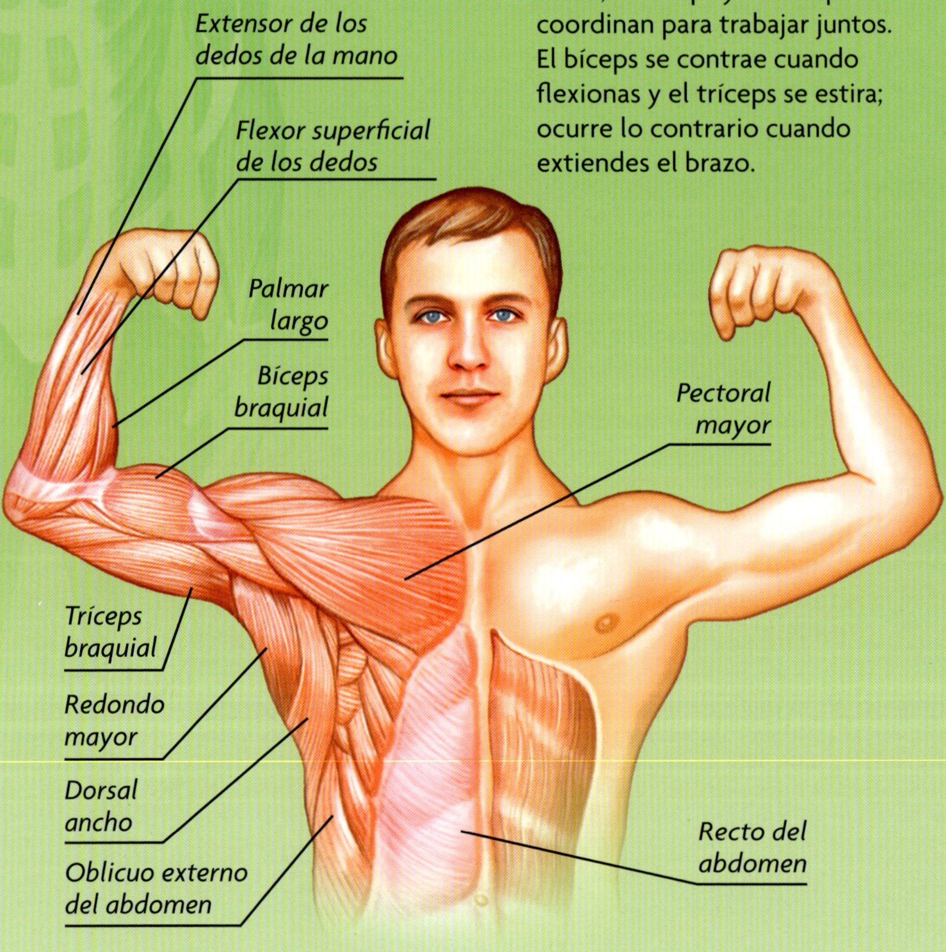

Extensor de los dedos de la mano

Flexor superficial de los dedos

Palmar largo

Bíceps braquial

Pectoral mayor

Tríceps braquial

Redondo mayor

Dorsal ancho

Oblicuo externo del abdomen

Recto del abdomen

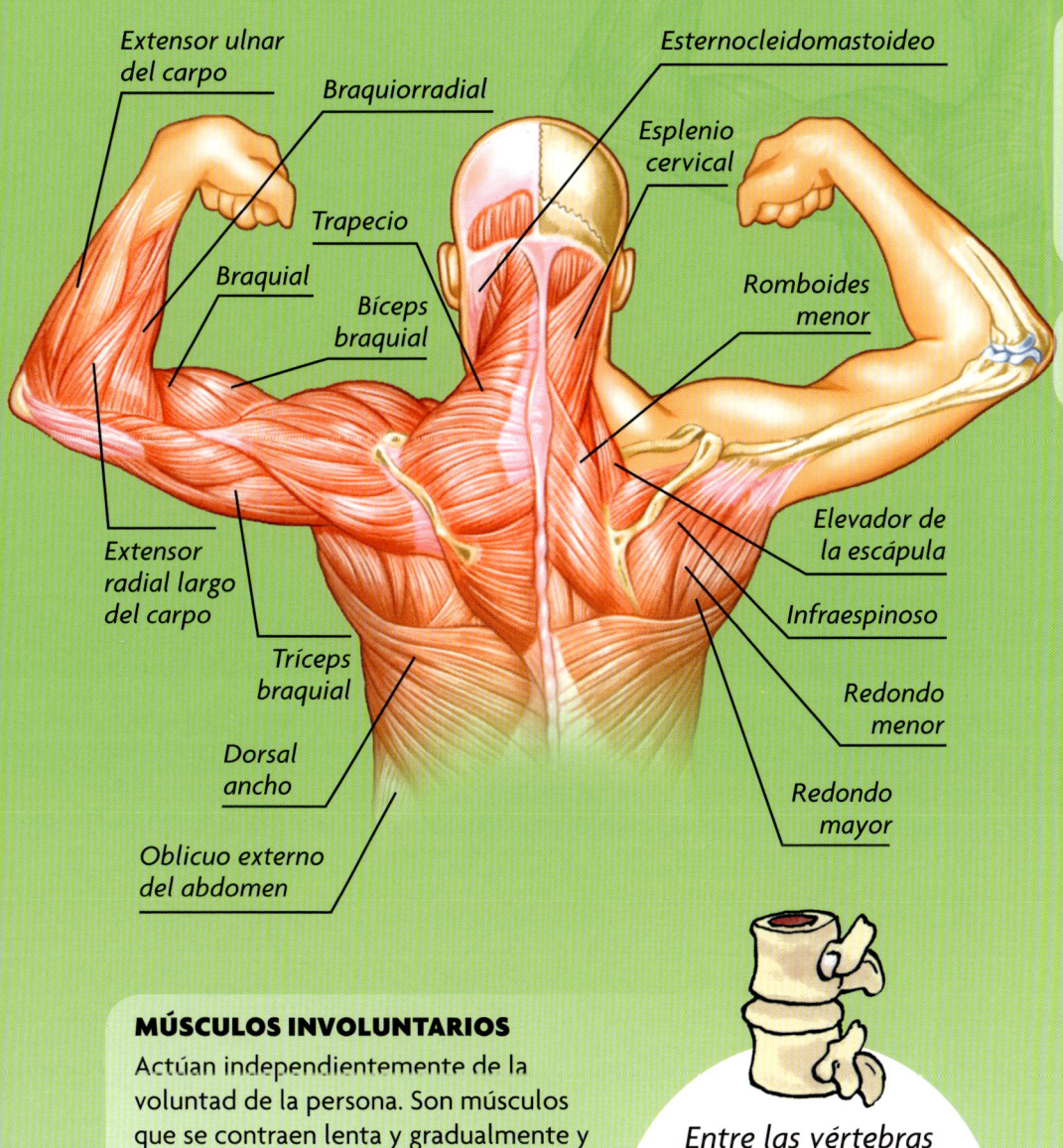

Extensor ulnar del carpo

Braquiorradial

Esternocleidomastoideo

Esplenio cervical

Trapecio

Braquial

Bíceps braquial

Romboides menor

Extensor radial largo del carpo

Elevador de la escápula

Infraespinoso

Tríceps braquial

Redondo menor

Dorsal ancho

Redondo mayor

Oblicuo externo del abdomen

MÚSCULOS INVOLUNTARIOS

Actúan independientemente de la voluntad de la persona. Son músculos que se contraen lenta y gradualmente y se relajan poco a poco hasta recuperar su tamaño natural. Se encargan del funcionamiento habitual del organismo: empujar los alimentos a través del tubo digestivo, permitir que los ojos enfoquen, regular el diámetro de venas y arterias, etc.

Entre las vértebras hay una especie de cojines llamados «discos», que hacen que la columna tenga mucha flexibilidad.

LAS ARTICULACIONES

Para que el cuerpo pueda moverse, necesita las articulaciones. Una articulación es el lugar donde dos huesos situados uno al lado de otro pueden combinarse para moverse. Para que dichos huesos puedan realizar un movimiento, se necesitan una serie de elementos y condiciones.

Para que una articulación pueda moverse, es necesario que todos sus elementos se activen de manera muy coordinada.

Cualquier fallo que se produzca en alguno de los elementos de la articulación, además de hacer difícil el movimiento, producirá dolor.

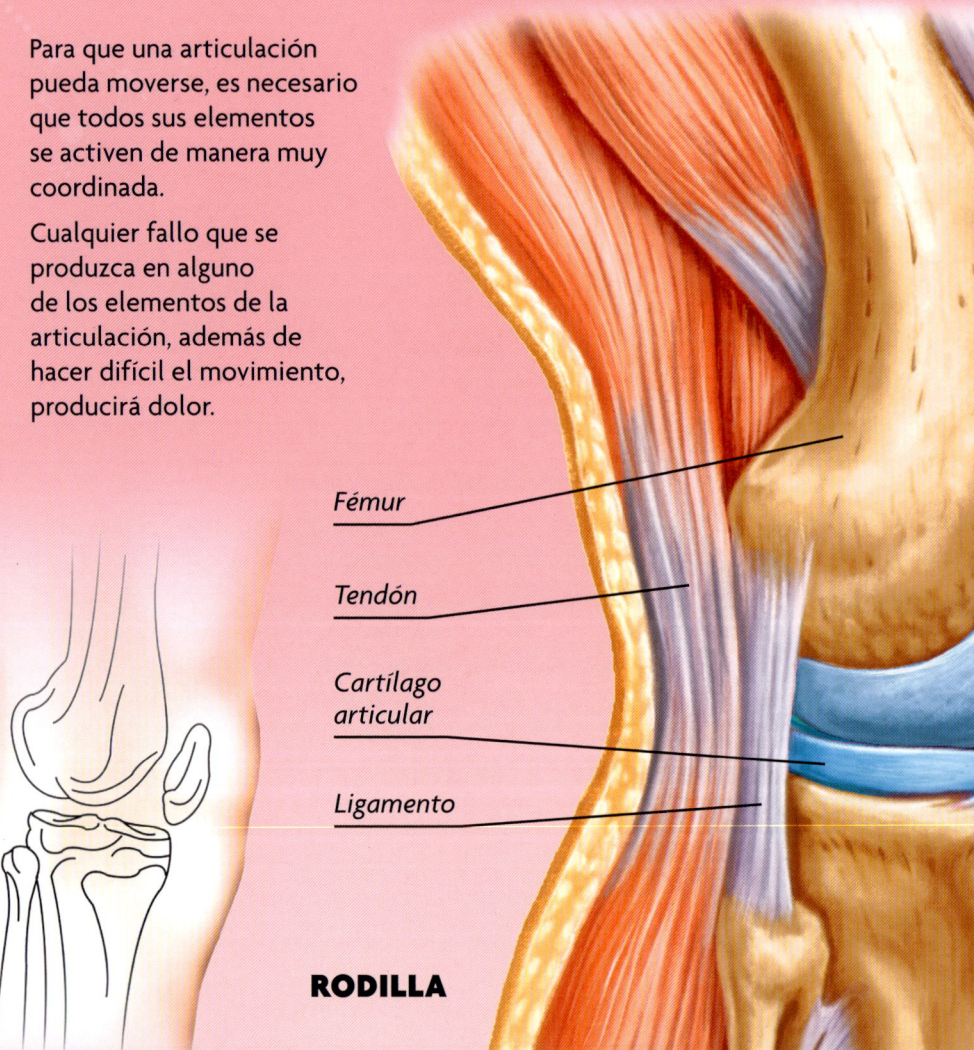

Fémur

Tendón

Cartílago articular

Ligamento

RODILLA

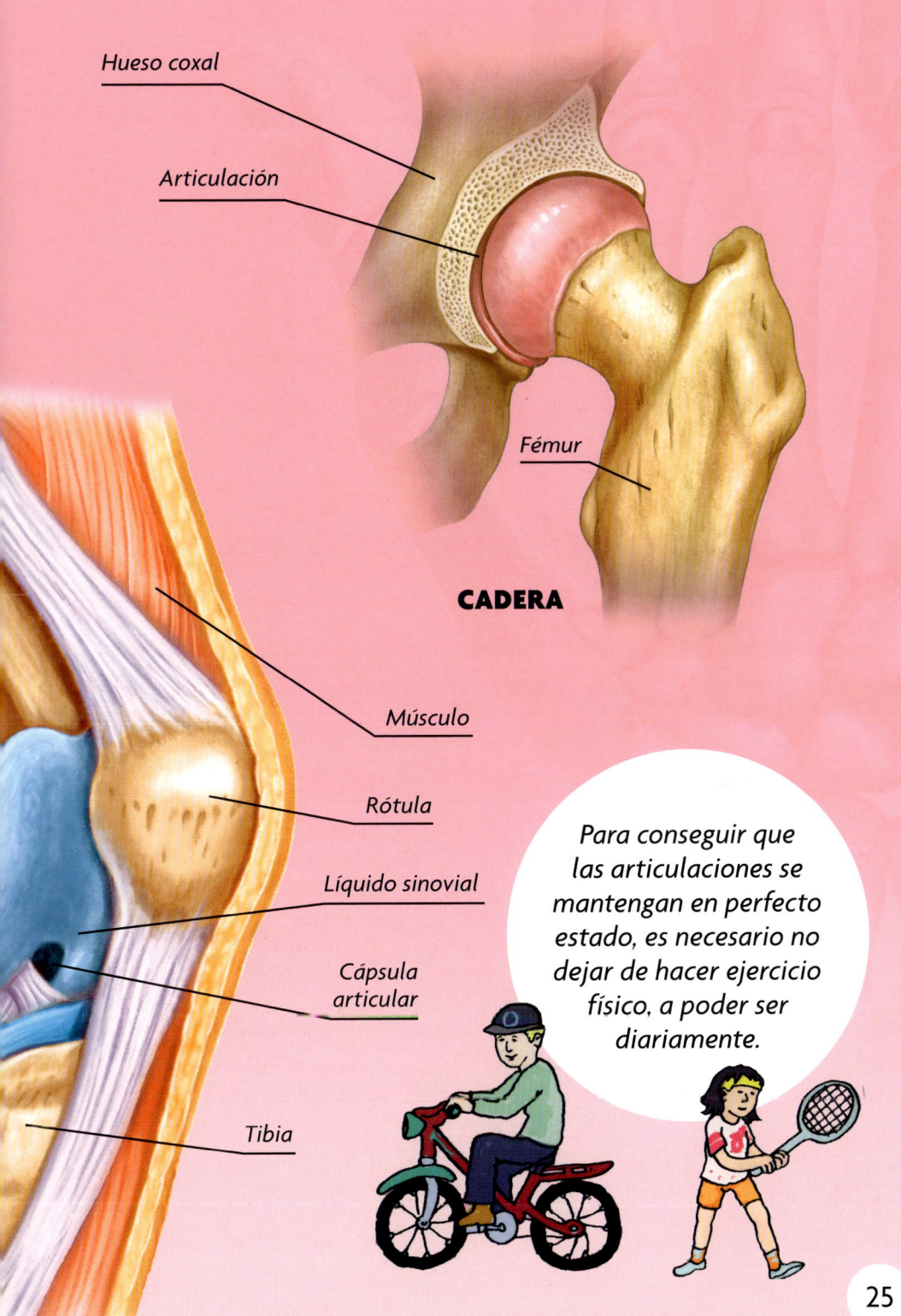

Hueso coxal

Articulación

Fémur

CADERA

Músculo

Rótula

Líquido sinovial

Cápsula articular

Tibia

Para conseguir que las articulaciones se mantengan en perfecto estado, es necesario no dejar de hacer ejercicio físico, a poder ser diariamente.

ELEMENTOS DE UNA ARTICULACIÓN

Gracias a las articulaciones, el cuerpo humano es capaz de realizar una gran cantidad de movimientos. Si no fuera por ellas, el cuerpo no podría moverse.

MÚSCULO
Cubre y protege la articulación.

TENDÓN
Junto con los ligamentos, se contrae y se relaja para mover los huesos.

CARTÍLAGO ARTICULAR
Situado entre hueso y hueso, actúa como almohadilla para evitar el roce entre los huesos y facilitar el movimiento.

LÍQUIDO SINOVIAL
Lubrica los tejidos de la cápsula articular.

LIGAMENTO
Con los tendones, actúa como tensor de los huesos para que se muevan.

CÁPSULA ARTICULAR
Conjunto de estructuras que forman la articulación y que quedan envueltas por una membrana.

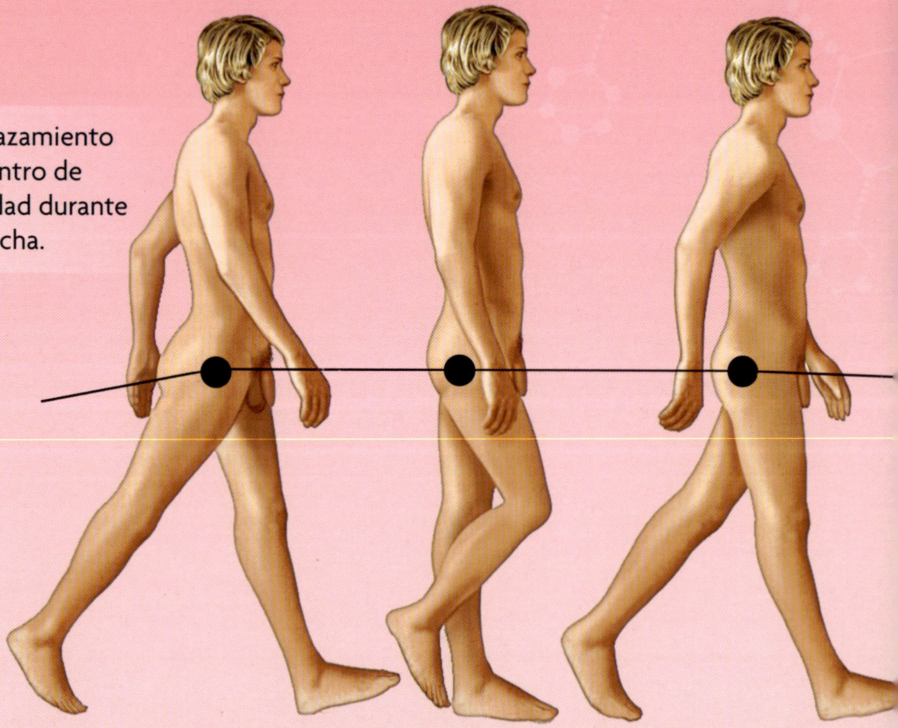

Desplazamiento del centro de gravedad durante la marcha.

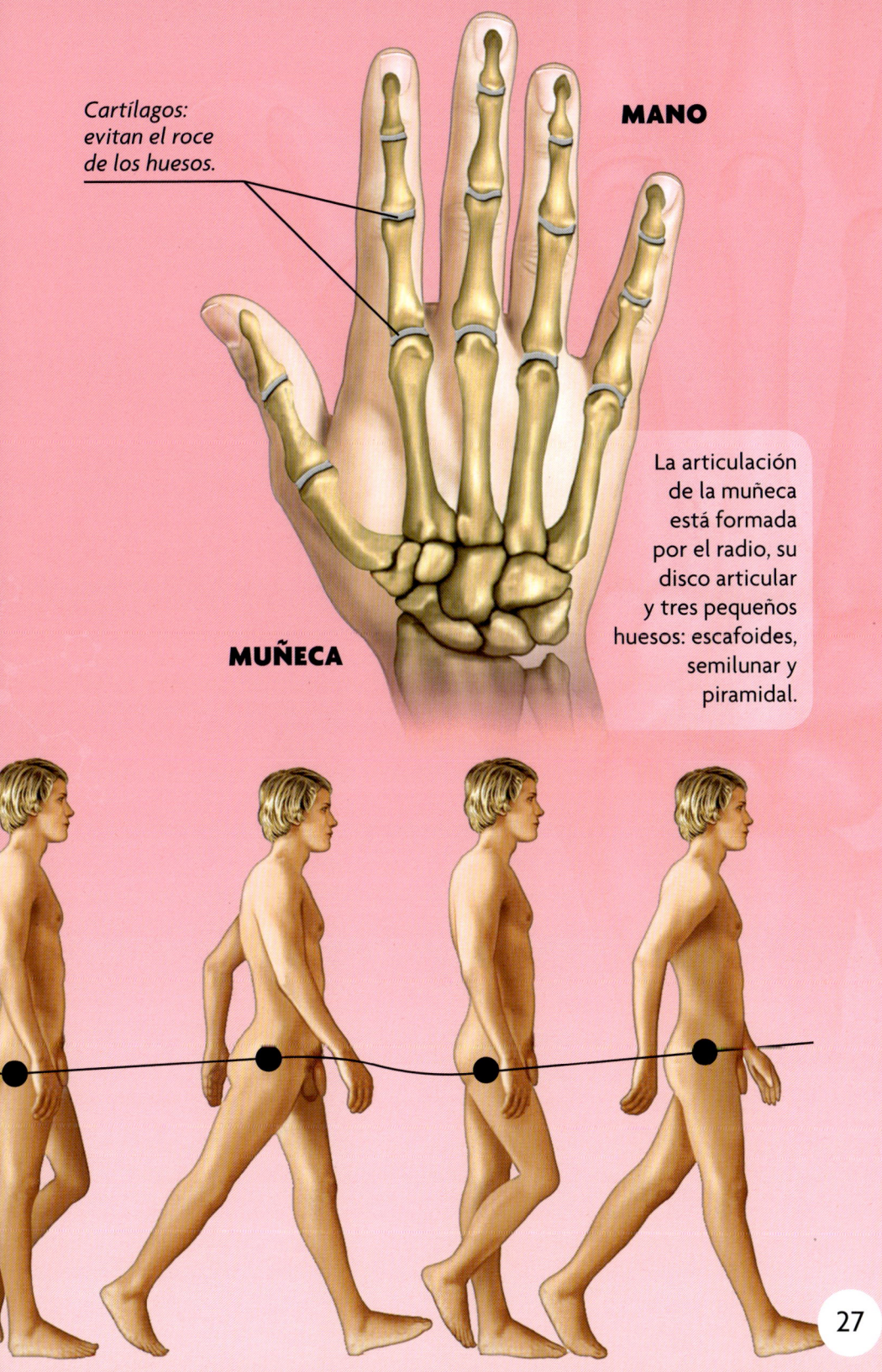

Cartílagos: evitan el roce de los huesos.

MANO

MUÑECA

La articulación de la muñeca está formada por el radio, su disco articular y tres pequeños huesos: escafoides, semilunar y piramidal.

27

APARATO CARDIOVASCULAR

Este aparato cuida de que todas las células dispongan del oxígeno que necesitan para subsistir y recoge las sustancias perjudiciales para desprenderse de ellas. Todo esto lo hace a través de la sangre, que se envía a los pulmones, donde se purifica, y después desde el corazón se vuelve a enviar a todo el cuerpo.

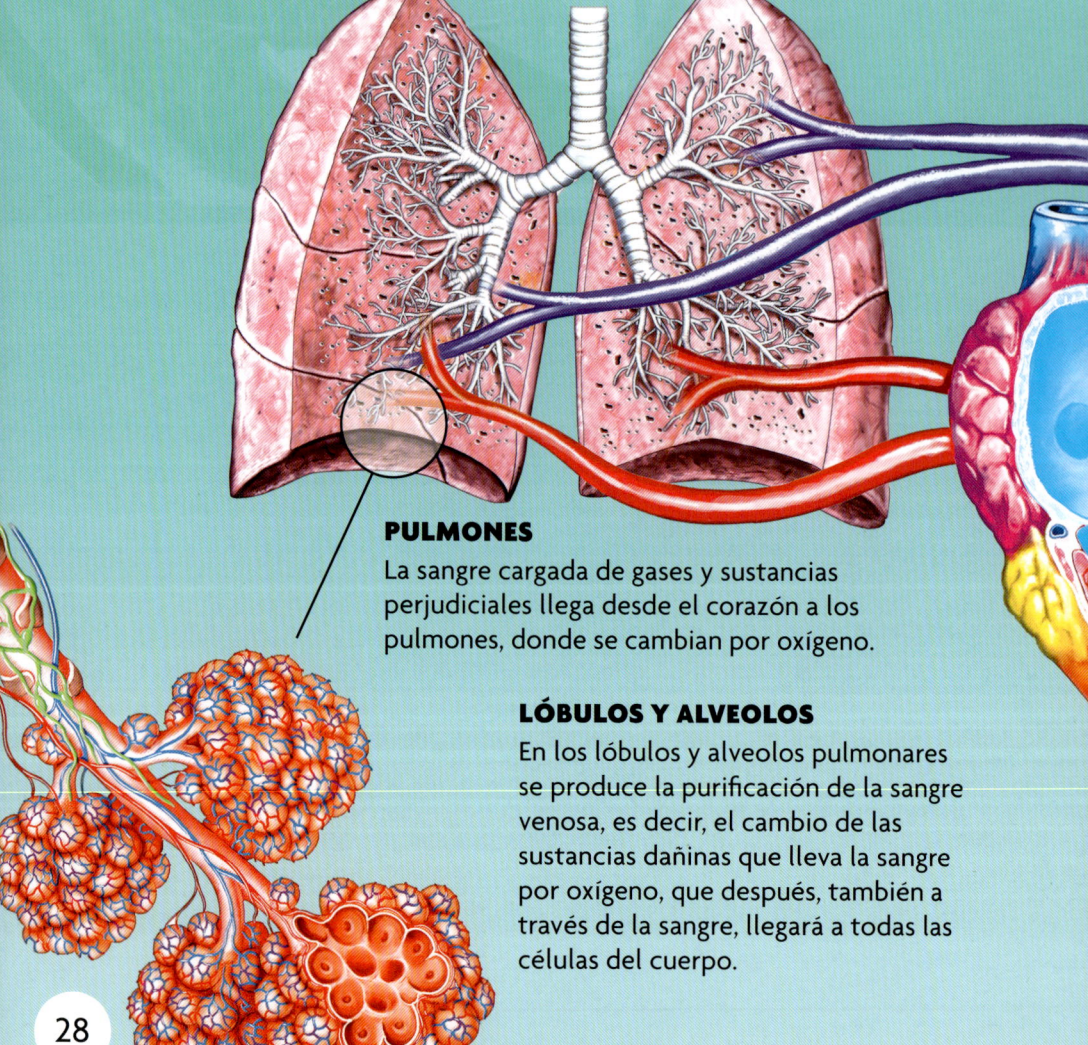

PULMONES

La sangre cargada de gases y sustancias perjudiciales llega desde el corazón a los pulmones, donde se cambian por oxígeno.

LÓBULOS Y ALVEOLOS

En los lóbulos y alveolos pulmonares se produce la purificación de la sangre venosa, es decir, el cambio de las sustancias dañinas que lleva la sangre por oxígeno, que después, también a través de la sangre, llegará a todas las células del cuerpo.

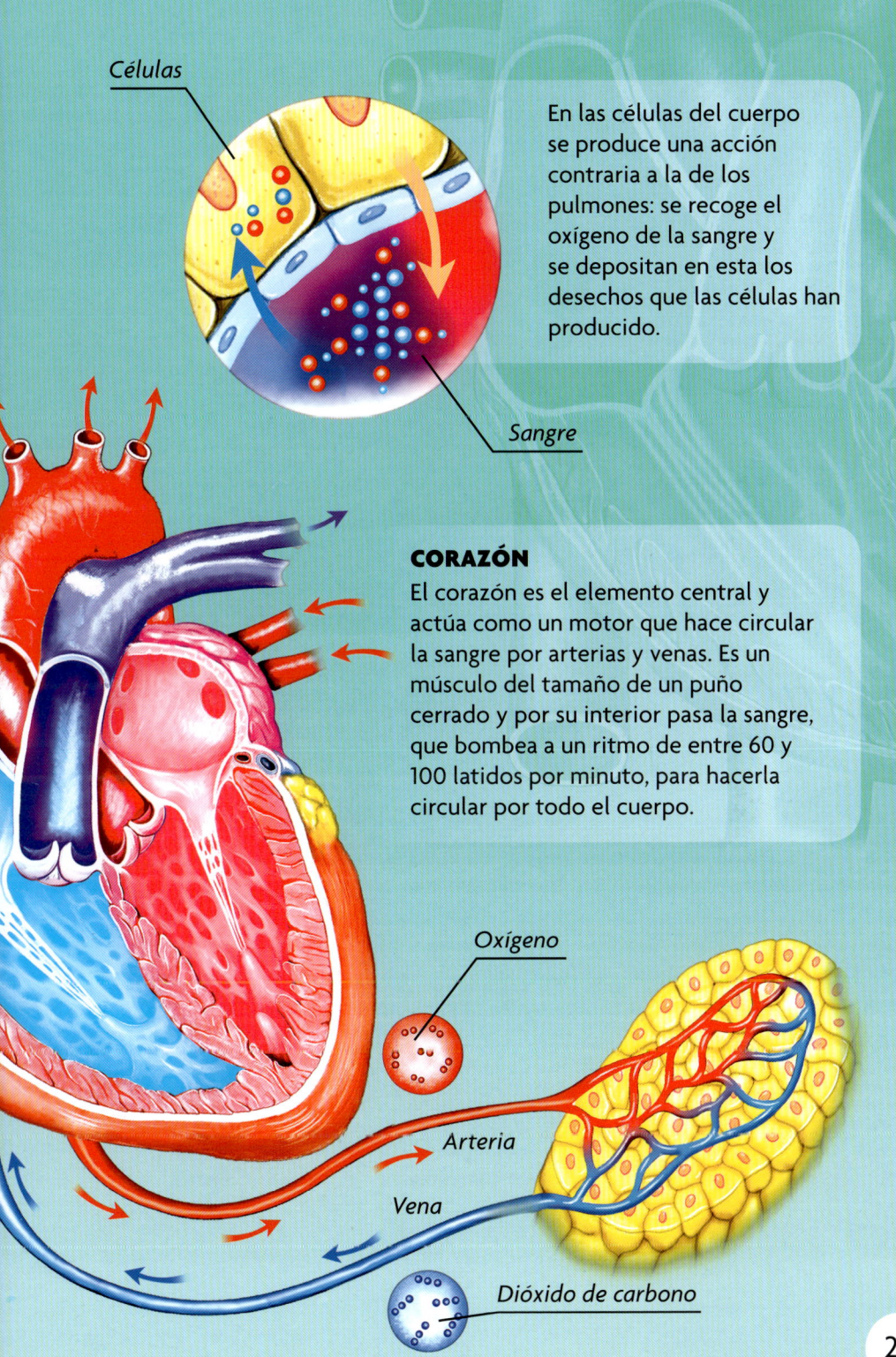

Células

En las células del cuerpo
se produce una acción
contraria a la de los
pulmones: se recoge el
oxígeno de la sangre y
se depositan en esta los
desechos que las células han
producido.

Sangre

CORAZÓN

El corazón es el elemento central y
actúa como un motor que hace circular
la sangre por arterias y venas. Es un
músculo del tamaño de un puño
cerrado y por su interior pasa la sangre,
que bombea a un ritmo de entre 60 y
100 latidos por minuto, para hacerla
circular por todo el cuerpo.

Oxígeno

Arteria

Vena

Dióxido de carbono

29

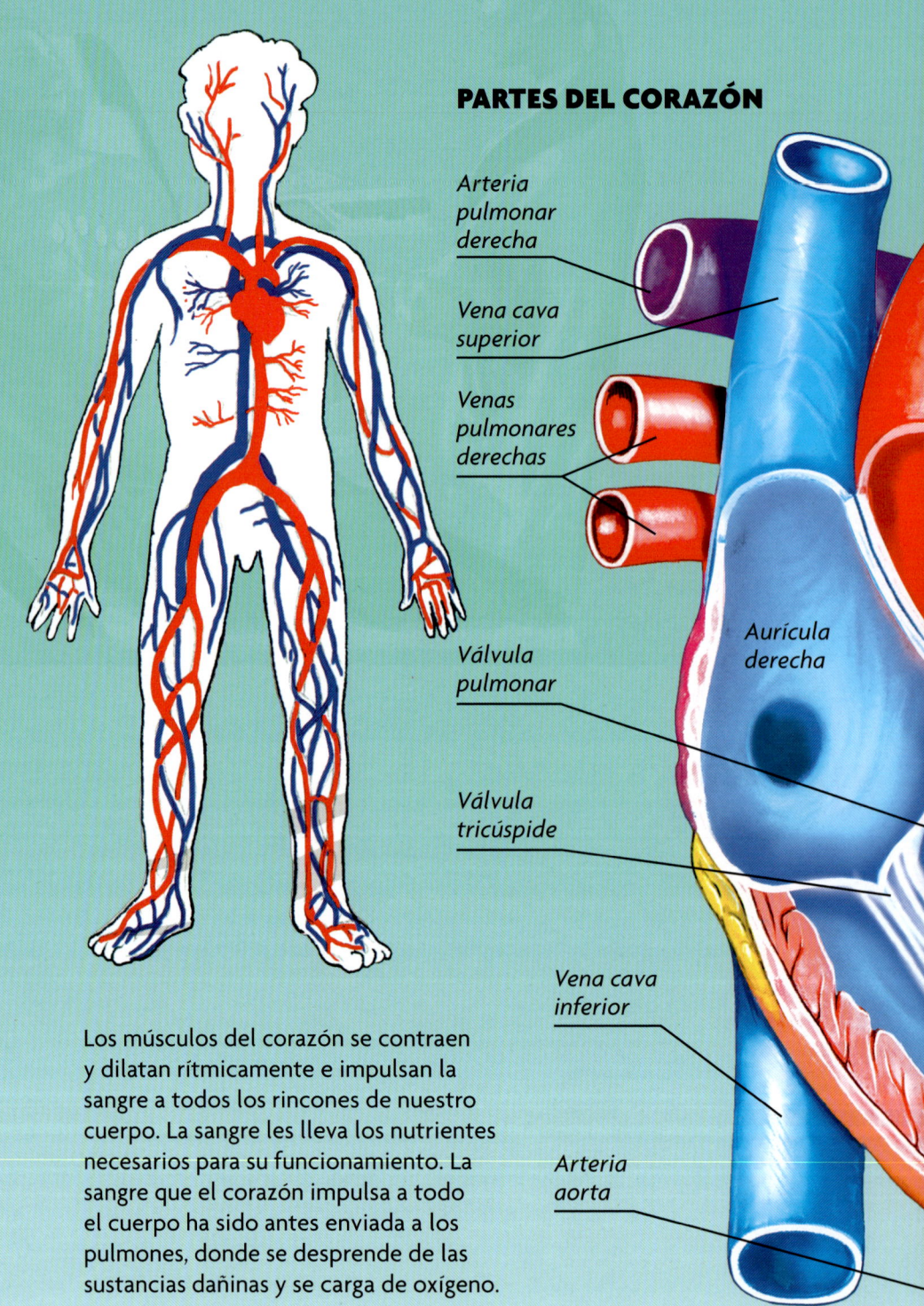

PARTES DEL CORAZÓN

Arteria pulmonar derecha

Vena cava superior

Venas pulmonares derechas

Aurícula derecha

Válvula pulmonar

Válvula tricúspide

Vena cava inferior

Arteria aorta

Los músculos del corazón se contraen y dilatan rítmicamente e impulsan la sangre a todos los rincones de nuestro cuerpo. La sangre les lleva los nutrientes necesarios para su funcionamiento. La sangre que el corazón impulsa a todo el cuerpo ha sido antes enviada a los pulmones, donde se desprende de las sustancias dañinas y se carga de oxígeno.

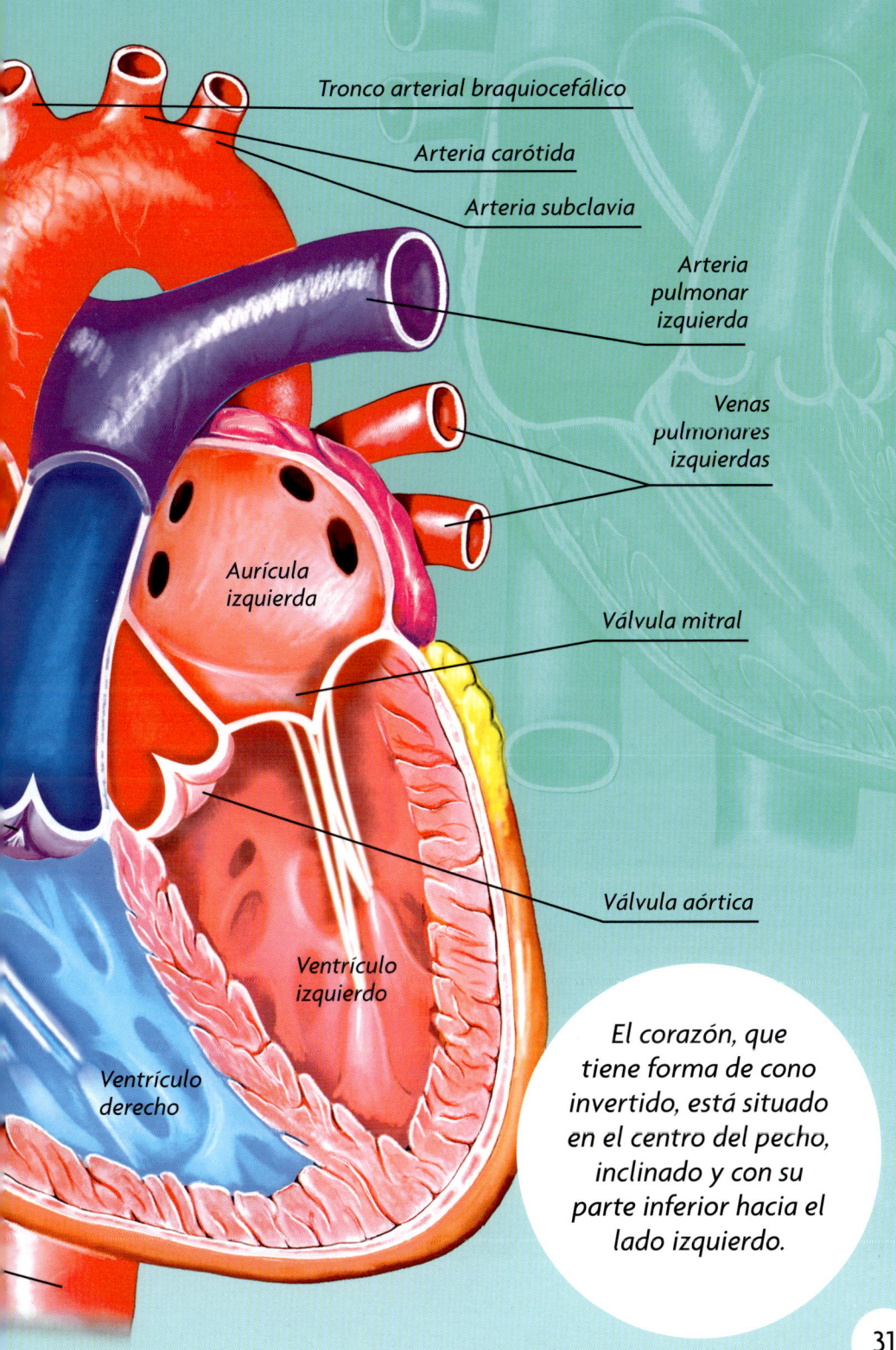

Tronco arterial braquiocefálico

Arteria carótida

Arteria subclavia

Arteria pulmonar izquierda

Venas pulmonares izquierdas

Aurícula izquierda

Válvula mitral

Válvula aórtica

Ventrículo izquierdo

Ventrículo derecho

El corazón, que tiene forma de cono invertido, está situado en el centro del pecho, inclinado y con su parte inferior hacia el lado izquierdo.

APARATO RESPIRATORIO

El aparato respiratorio tiene una doble función, nutritiva y depuradora, ya que cumple un doble cometido: hacer llegar a la sangre el oxígeno, fundamental para el funcionamiento de las células, y facilitar la expulsión del dióxido de carbono que dichas células han depositado en la sangre.

Entre la tráquea y los alveolos, las vías respiratorias se dividen sucesivamente 23 veces.

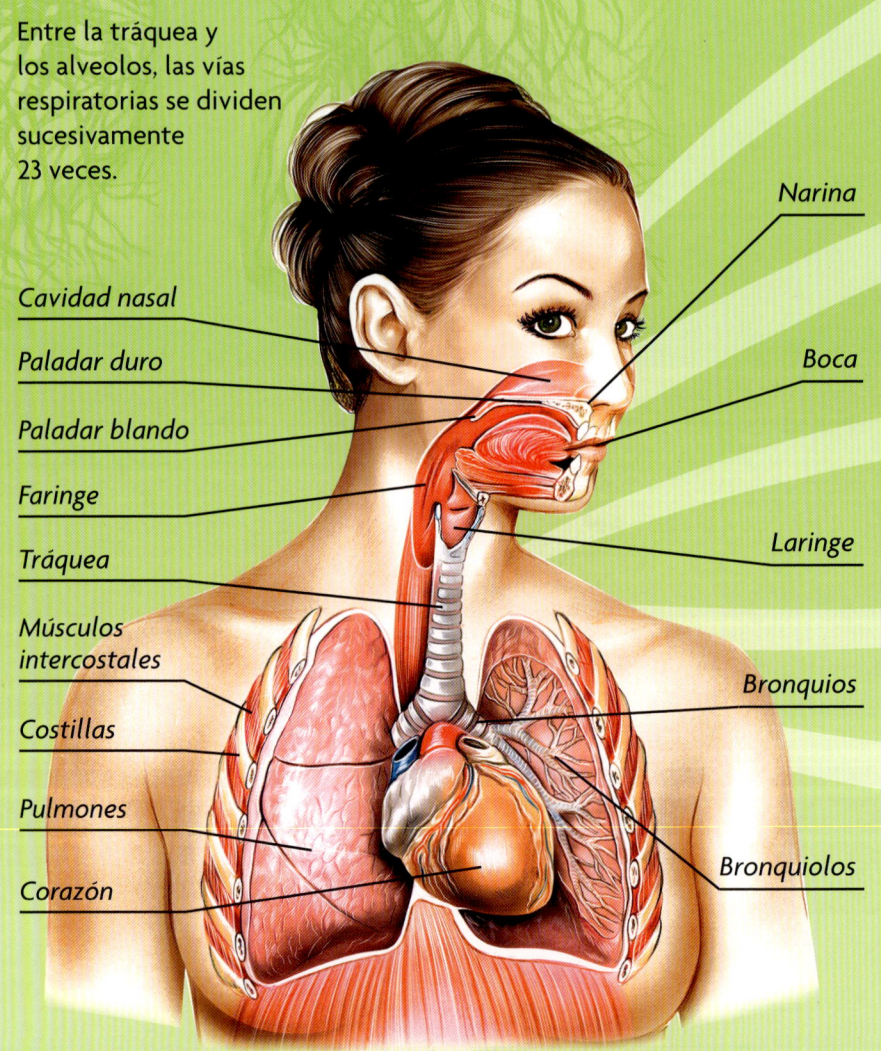

Narina

Cavidad nasal

Paladar duro

Boca

Paladar blando

Faringe

Tráquea

Laringe

Músculos intercostales

Costillas

Bronquios

Pulmones

Corazón

Bronquiolos

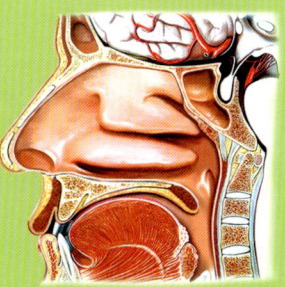

CAVIDADES NASALES

Filtran, calientan y humedecen el aire inspirado antes de que entre en las vías respiratorias inferiores.

FARINGE

Por la faringe pasa, en sentido descendente, el aire que se inspira y, en sentido ascendente, el que se espira.

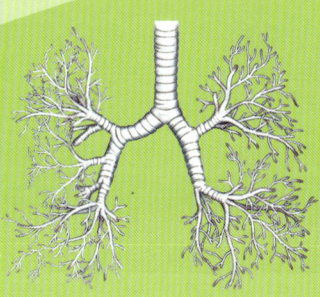

BRONQUIOS

Conducen el aire que se inspira desde la tráquea hasta los pulmones y, en sentido inverso, el que se expulsa.

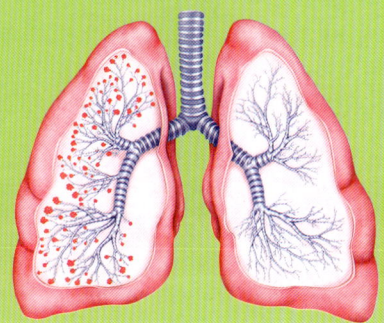

PULMONES

Son los órganos esenciales de la respiración. Su función es poner la sangre y el aire en contacto estrecho, de manera que dicha sangre pueda incorporar el oxígeno del aire y desprenderse del dióxido de carbono.

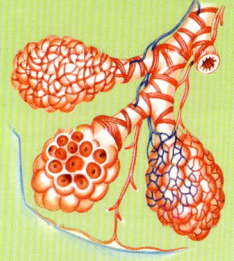

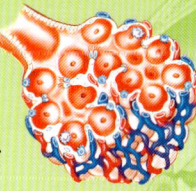

ALVEOLOS

Es donde se realiza el intercambio de gases entre el aire y la sangre.

BRONQUIOLOS

Son continuación de los bronquios. A través de ellos el aire y la sangre llegan a los alveolos.

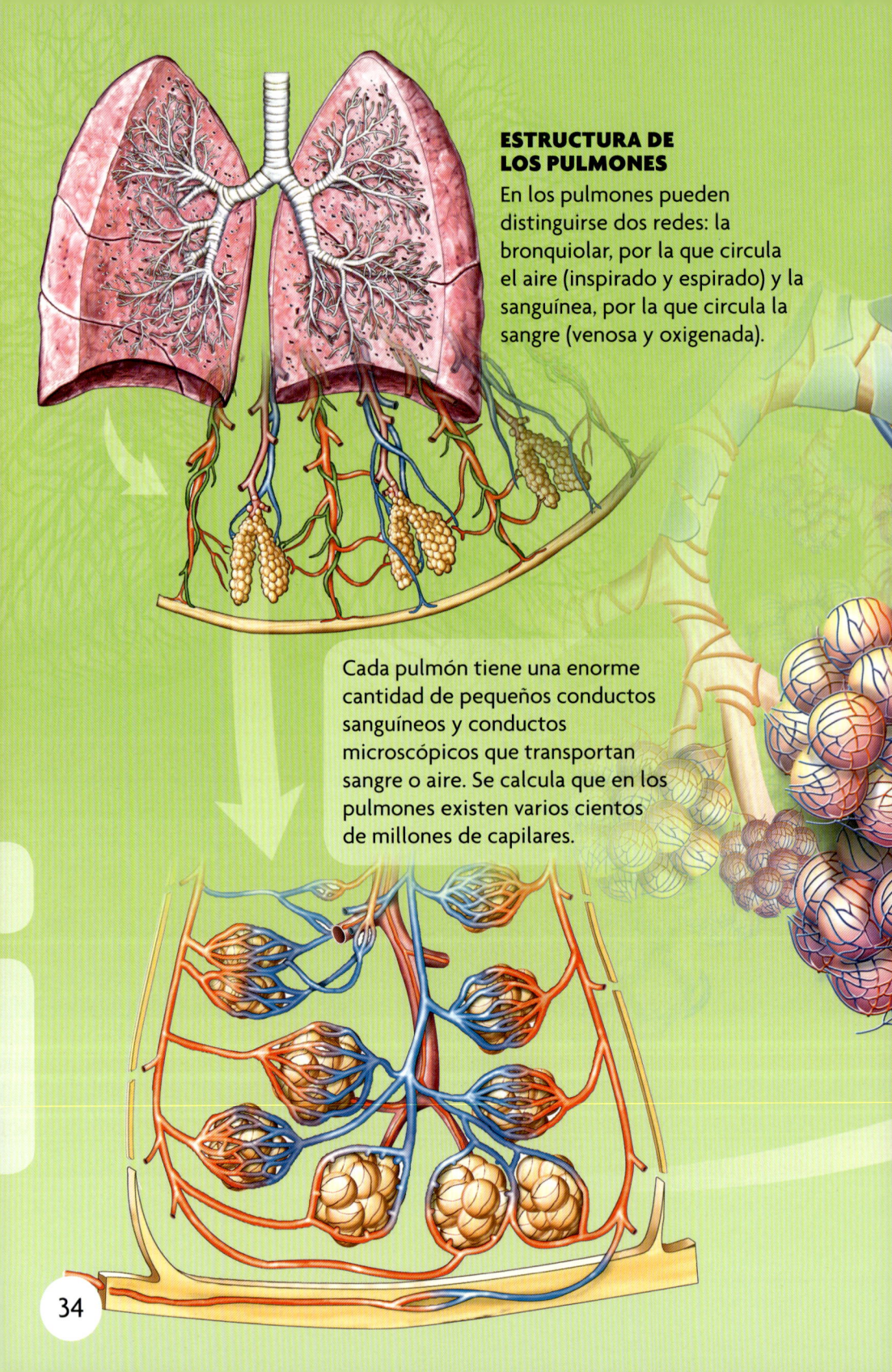

ESTRUCTURA DE LOS PULMONES

En los pulmones pueden distinguirse dos redes: la bronquiolar, por la que circula el aire (inspirado y espirado) y la sanguínea, por la que circula la sangre (venosa y oxigenada).

Cada pulmón tiene una enorme cantidad de pequeños conductos sanguíneos y conductos microscópicos que transportan sangre o aire. Se calcula que en los pulmones existen varios cientos de millones de capilares.

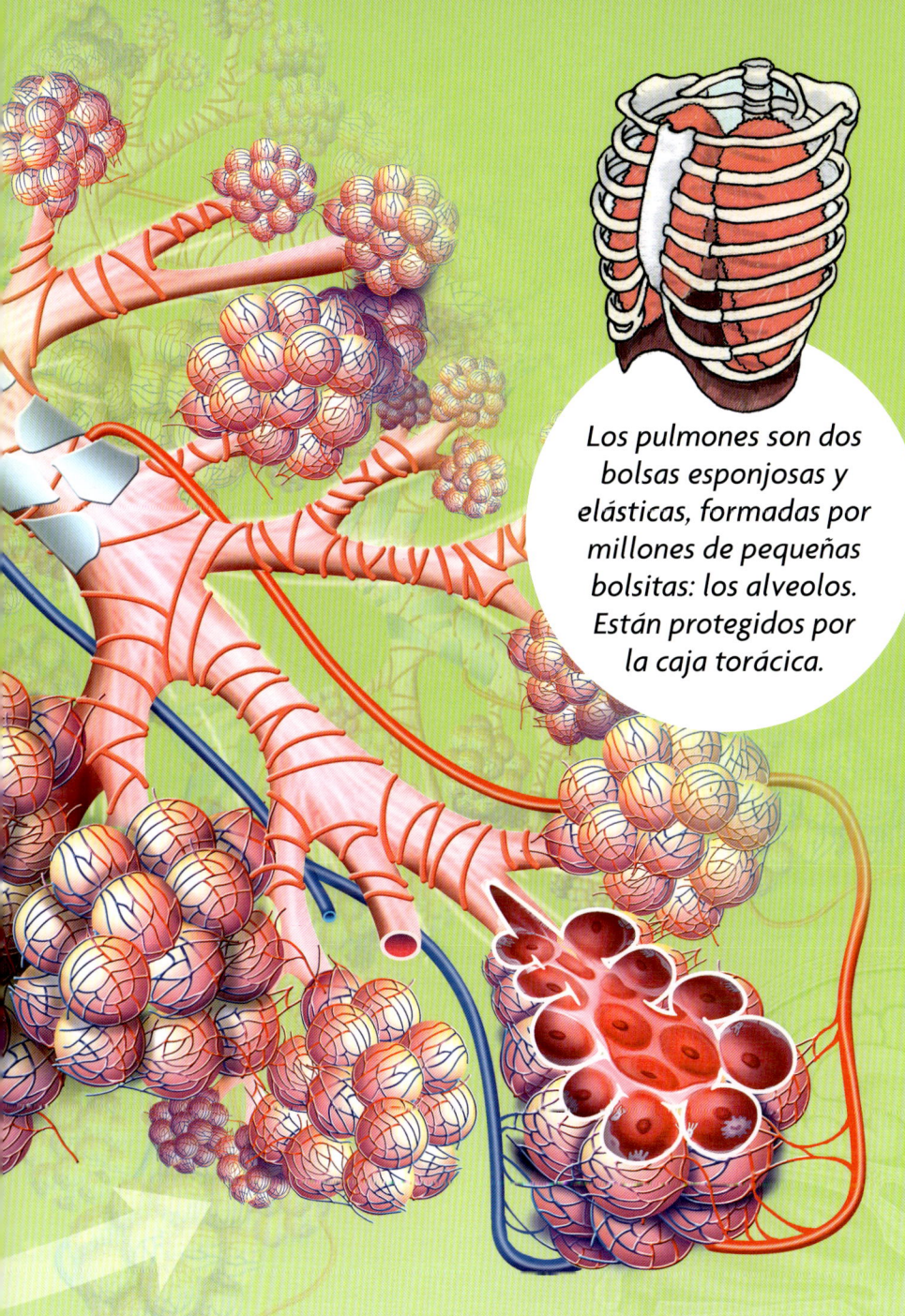

Los pulmones son dos bolsas esponjosas y elásticas, formadas por millones de pequeñas bolsitas: los alveolos. Están protegidos por la caja torácica.

En los vasos y en los alveolos es donde se realiza la función respiratoria. Cada pulmón dispone de cientos de millones de minúsculos alveolos pulmonares.

APARATO DIGESTIVO

Largo tubo de unos 12 metros que se inicia en la boca y termina en el ano. Los órganos de que consta realizan la digestión, es decir, ingieren los alimentos, los fragmentan y desintegran en partes minúsculas, para así poder absorberlos y utilizarlos en producir la energía que todos los órganos necesitan.

Además de estos órganos principales, el aparato digestivo dispone de muchas glándulas que segregan diferentes sustancias que ayudan a desintegrar los alimentos y gracias a las cuales el proceso digestivo puede desarrollarse perfectamente.

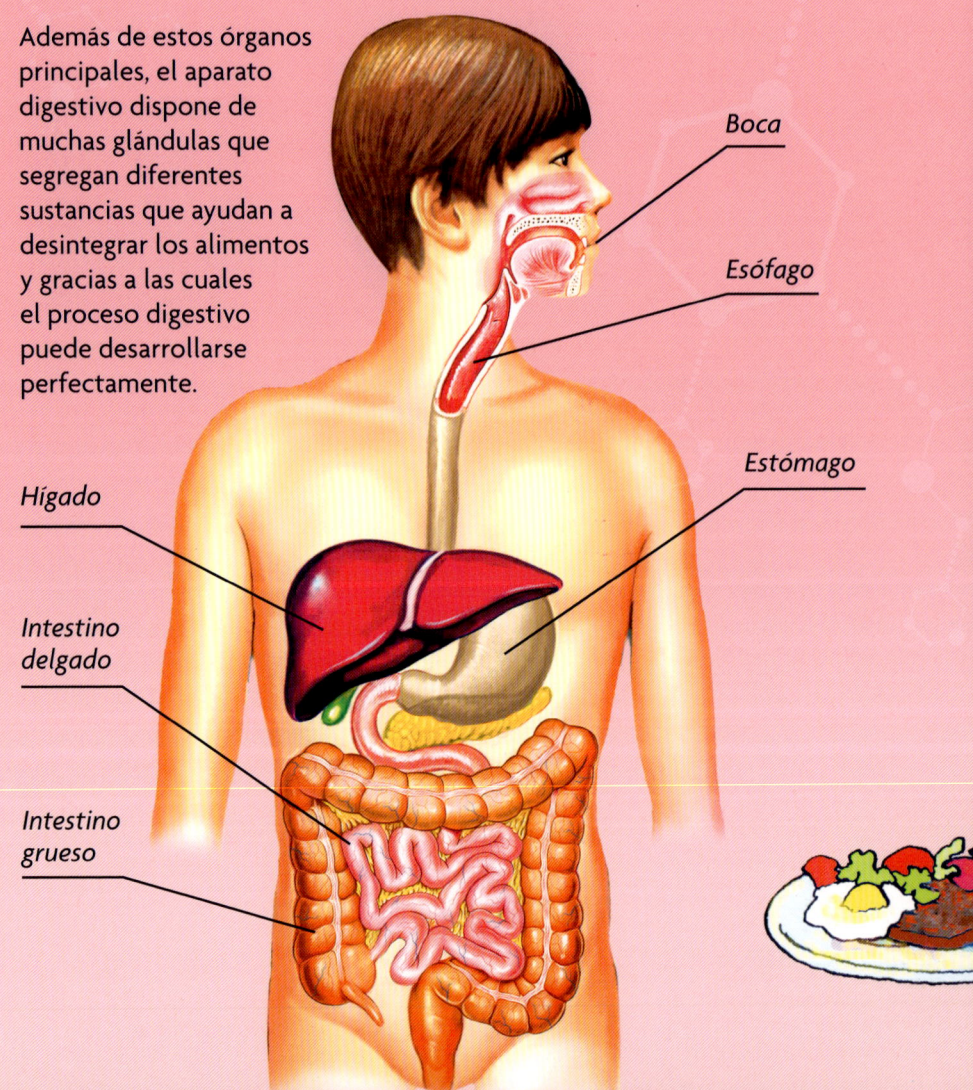

Boca

Esófago

Estómago

Hígado

Intestino delgado

Intestino grueso

HÍGADO

Produce la bilis, una sustancia líquida y viscosa que sirve sobre todo para la digestión de las grasas y que se almacena en la vesícula biliar hasta el momento oportuno, en el cual se verterá en el duodeno.

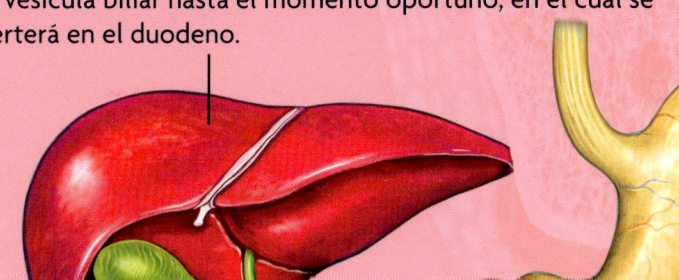

ESTÓMAGO

Al llegar los alimentos al estómago, este empieza a segregar unos jugos muy fuertes para desintegrarlos y formar el quimo, una especie de papilla.

PÁNCREAS

Produce el jugo pancreático, también muy útil en la digestión. Junto con la bilis, se vierte en el duodeno.

INTESTINO GRUESO

Durante el proceso, lo que no se ha absorbido pasa al intestino grueso, donde se absorben todavía algunas sustancias que interesan. Luego, con los residuos que quedan se forman las heces.

ANO

Las heces que se han formado se expulsan al exterior del cuerpo en la defecación.

FASES DE LA DIGESTIÓN

La digestión es un proceso muy complejo cuya función principal es someter a los alimentos que se ingieren a un conjunto de transformaciones mediante las cuales estos se reducirán a sus componentes fundamentales, para poder ser absorbidos e incorporados al organismo.

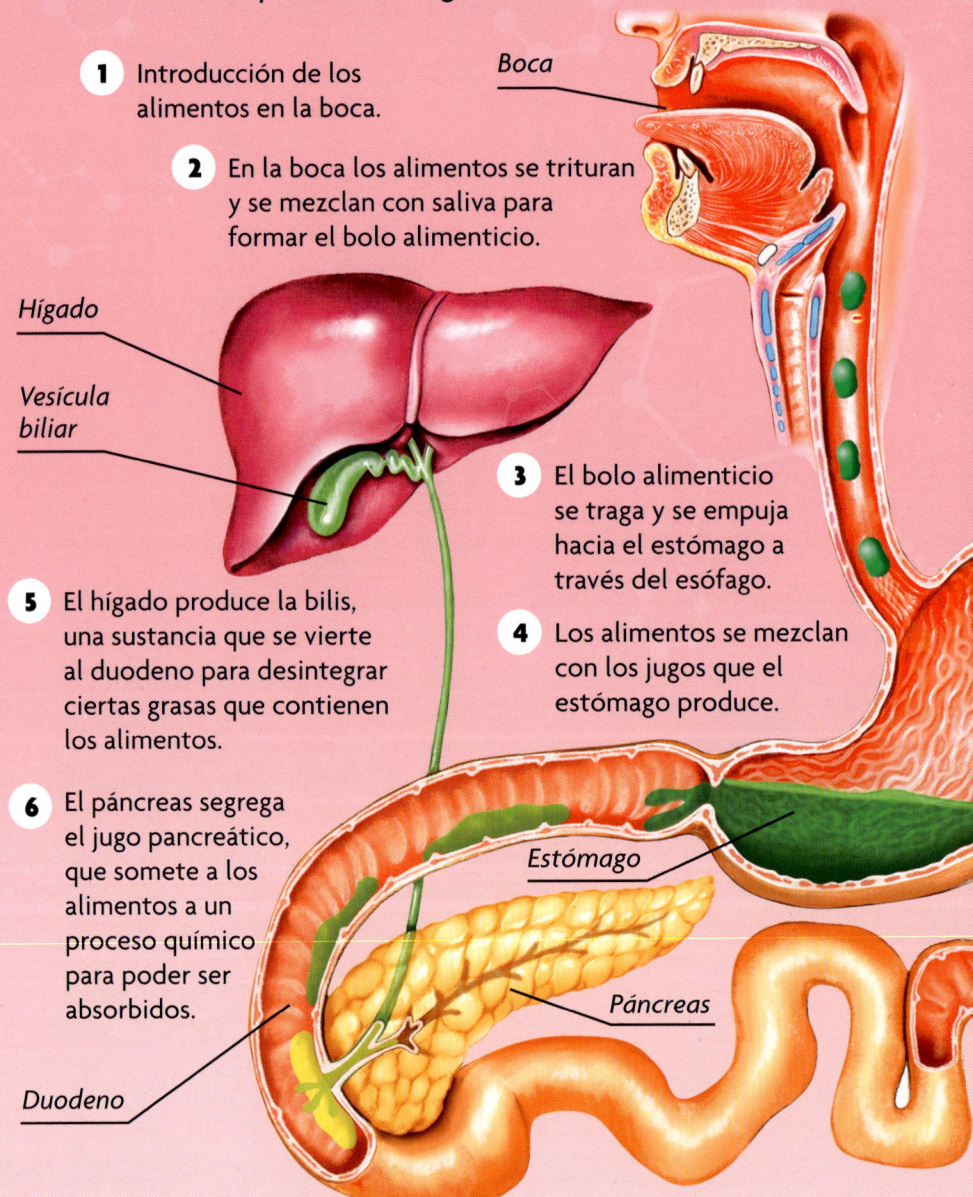

1 Introducción de los alimentos en la boca.

Boca

2 En la boca los alimentos se trituran y se mezclan con saliva para formar el bolo alimenticio.

Hígado

Vesícula biliar

3 El bolo alimenticio se traga y se empuja hacia el estómago a través del esófago.

5 El hígado produce la bilis, una sustancia que se vierte al duodeno para desintegrar ciertas grasas que contienen los alimentos.

4 Los alimentos se mezclan con los jugos que el estómago produce.

6 El páncreas segrega el jugo pancreático, que somete a los alimentos a un proceso químico para poder ser absorbidos.

Estómago

Páncreas

Duodeno

7 En el intestino delgado los alimentos desintegrados en el estómago se mezclan con la bilis, el jugo pancreático y otras sustancias que segrega el intestino. El organismo absorbe las sustancias que le interesan para que se introduzcan en las células y pasen a la sangre y a la linfa.

8 Con las sustancias que no se han absorbido se forma un líquido y después una masa, o bolo fecal, en el intestino grueso. Este absorbe el agua y algunas sustancias todavía aprovechables de dicho bolo fecal.

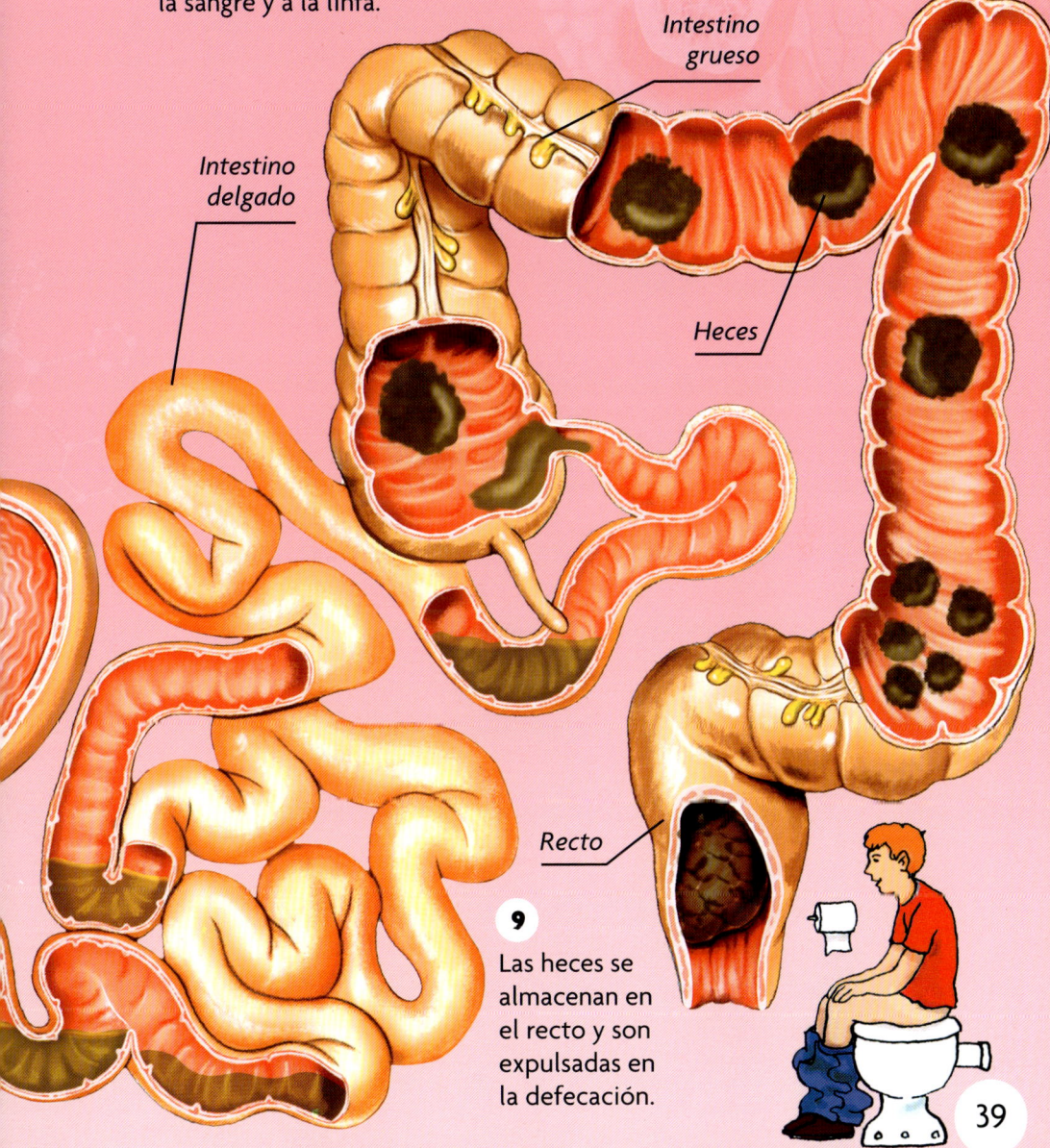

Intestino grueso

Intestino delgado

Heces

Recto

9 Las heces se almacenan en el recto y son expulsadas en la defecación.

LA PIEL

La piel es la capa externa que cubre toda la superficie del cuerpo. Desempeña muchas y variadas funciones: sirve de defensa (es una barrera protectora contra los elementos externos), manifiesta la situación general del individuo (salud, estado de ánimo), es el órgano del sentido del tacto y proporciona información sobre el entorno exterior: frío, calor, humedad, estímulos, etc.

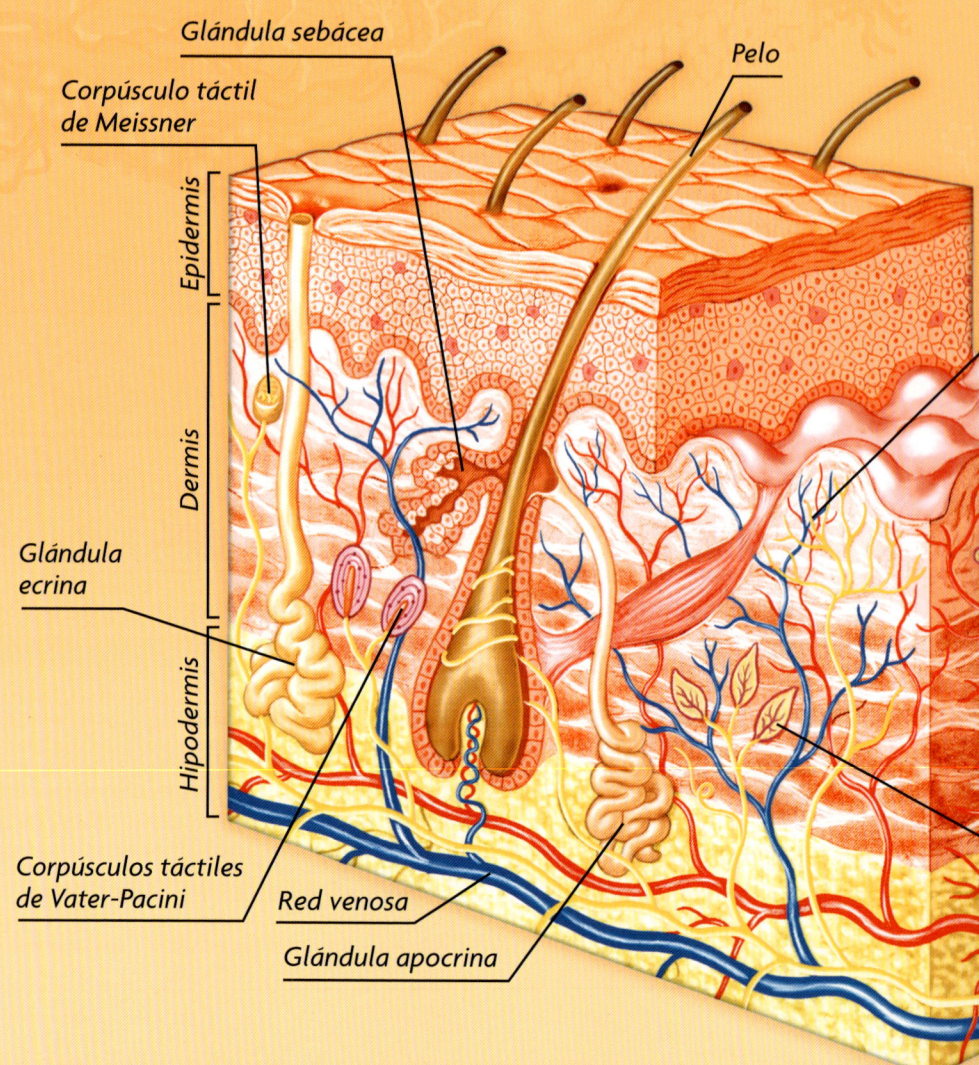

Glándula sebácea

Pelo

Corpúsculo táctil de Meissner

Epidermis

Dermis

Glándula ecrina

Hipodermis

Corpúsculos táctiles de Vater-Pacini

Red venosa

Glándula apocrina

Gracias a los corpúsculos táctiles de la piel es posible percibir diferentes sensaciones: corpúsculos de Meissner (estímulos táctiles suaves, como el roce), de Vater-Pacini (presión, tensión y vibración), de Krause (presión y sensación de frío) o de Ruffini (estiramientos y articulaciones).

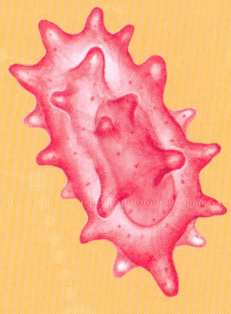

QUERATINOCITO

Célula cuya función es la producción de queratina, sustancia protectora de las células.

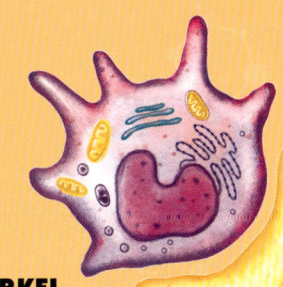

CÉLULA DE MERKEL

Se parece al melanocito. Se une con otras terminaciones para actuar como elemento receptor del sentido del tacto.

Terminaciones nerviosas libres

Papilas

Corpúsculos táctiles de Ruffini

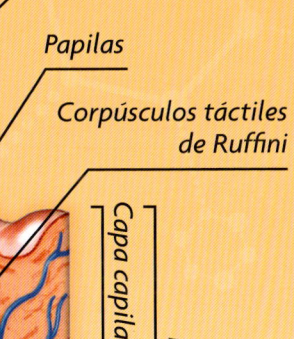

CÉLULA DE LANGERHANS

Su función es mantener activas las células del sistema inmunitario, que luchan contra los elementos externos dañinos.

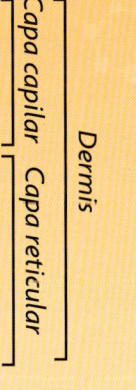

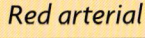

Capa capilar

Capa reticular

Dermis

Red arterial

Red nerviosa

Corpúsculos táctiles de Krause

MELANOCITO

Se encarga de sintetizar los gránulos de melanina, que se acumulan para formar una especie de escudo protector contra los efectos nocivos de los rayos ultravioleta del sol sobre la piel.

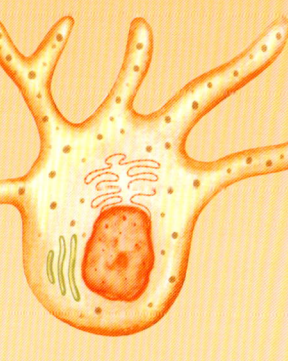

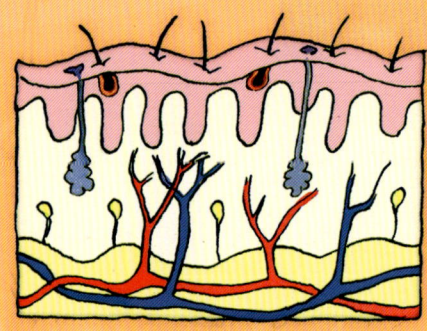

LAS TRES CAPAS DE LA PIEL

La epidermis es la capa exterior. En la dermis están los receptores, las glándulas y los vasos sanguíneos. Es gruesa, fuerte y elástica. Gracias a ella sentimos frío o calor, dolor, cosquillas... La hipodermis es la más profunda. Ahí se almacena la grasa que nos ayuda a mantener la temperatura corporal.

ELEMENTOS DE LA PIEL

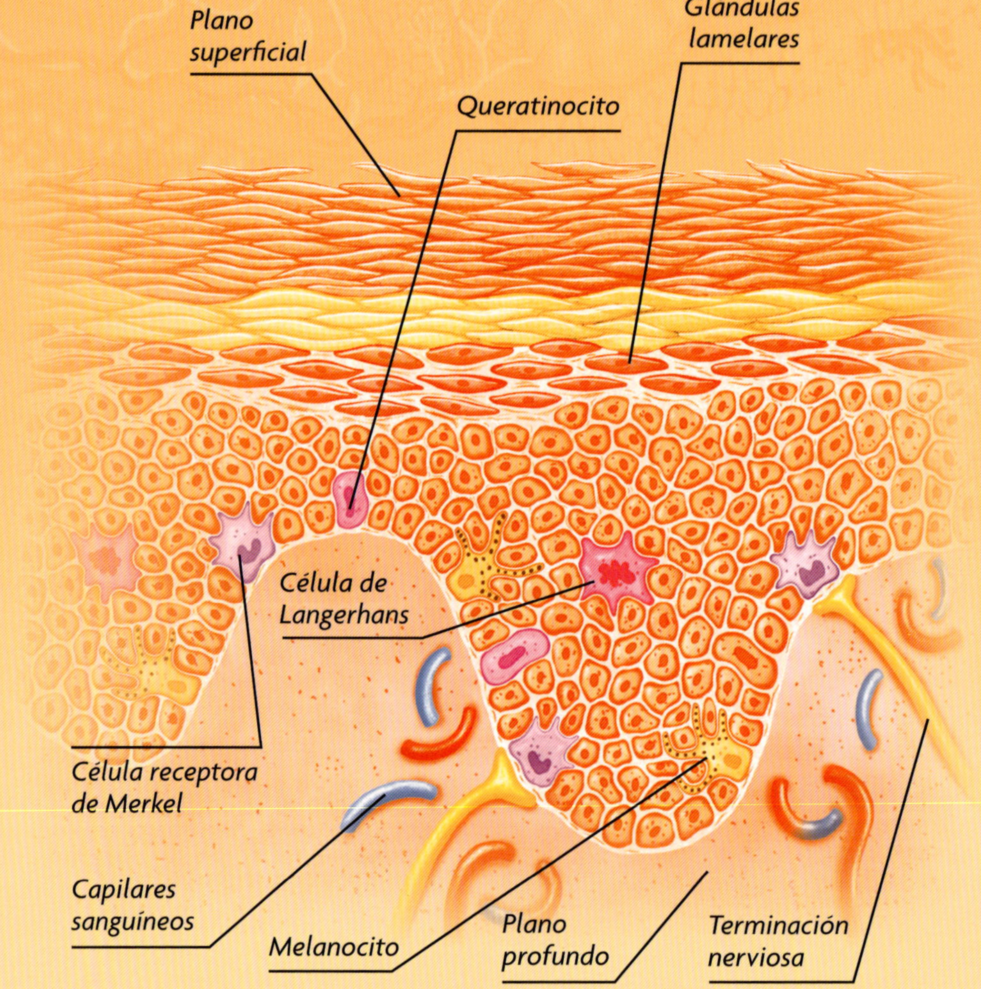

Plano superficial

Glándulas lamelares

Queratinocito

Célula de Langerhans

Célula receptora de Merkel

Capilares sanguíneos

Melanocito

Plano profundo

Terminación nerviosa

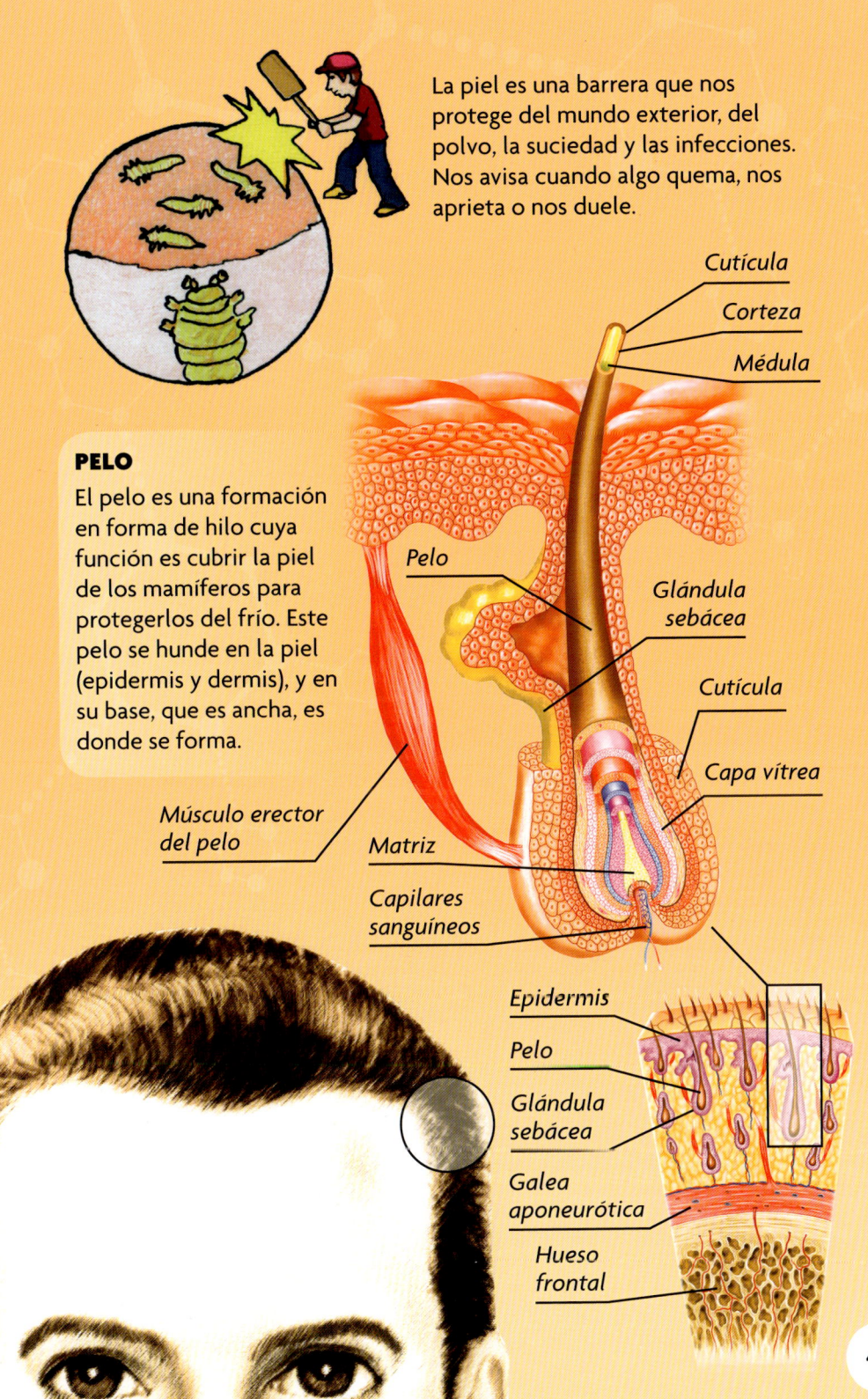

La piel es una barrera que nos protege del mundo exterior, del polvo, la suciedad y las infecciones. Nos avisa cuando algo quema, nos aprieta o nos duele.

Cutícula
Corteza
Médula

PELO

El pelo es una formación en forma de hilo cuya función es cubrir la piel de los mamíferos para protegerlos del frío. Este pelo se hunde en la piel (epidermis y dermis), y en su base, que es ancha, es donde se forma.

Pelo

Glándula sebácea

Cutícula

Capa vítrea

Músculo erector del pelo

Matriz

Capilares sanguíneos

Epidermis

Pelo

Glándula sebácea

Galea aponeurótica

Hueso frontal

LA SANGRE

La sangre es una mezcla de líquido (el plasma) y células (glóbulos rojos, blancos y plaquetas) que circula por el corazón, las arterias, las venas y los capilares, transportando nutrientes, vitaminas, oxígeno, etc. a las células del cuerpo y llevándose de estas los materiales de desecho y el dióxido de carbono.

La sangre, que se forma en la médula del hueso, tiene un olor característico, como metálico. Sus células (glóbulos blancos, glóbulos rojos y plaquetas) se producen en la médula roja a un ritmo de unas 2.400.000 por segundo. La sangre arterial es de color rojo intenso o escarlata y suele fluir a borbotones si se corta la arteria. La sangre venosa es de color rojo oscuro o carmesí y fluye de continuo si se corta la vena.

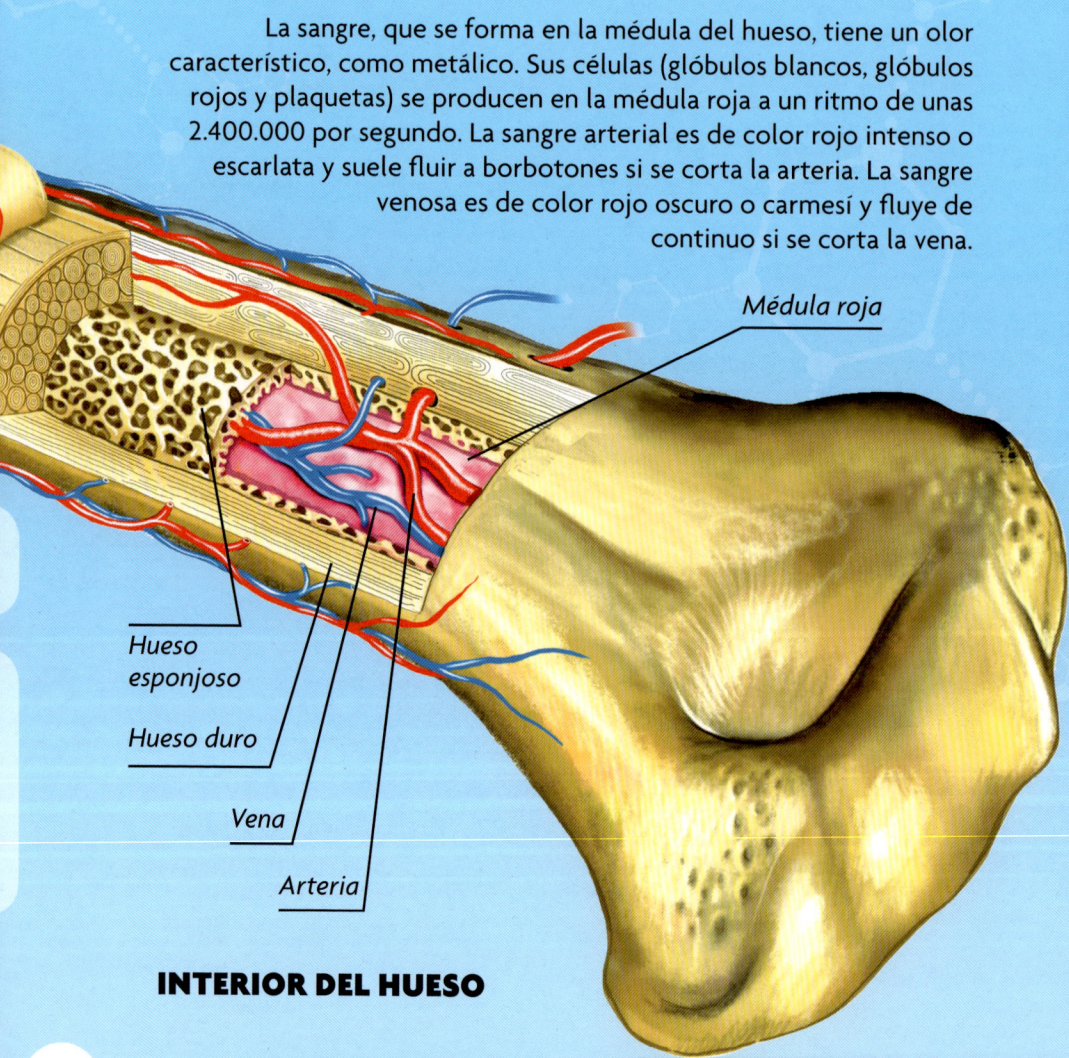

Médula roja

Hueso esponjoso

Hueso duro

Vena

Arteria

INTERIOR DEL HUESO

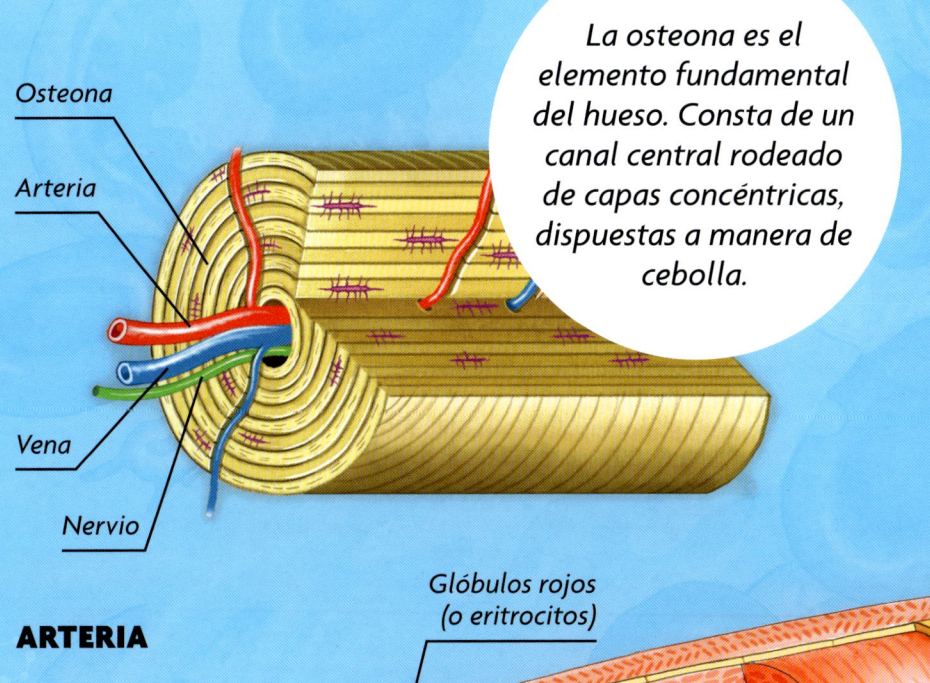

Osteona

Arteria

Vena

Nervio

La osteona es el elemento fundamental del hueso. Consta de un canal central rodeado de capas concéntricas, dispuestas a manera de cebolla.

ARTERIA

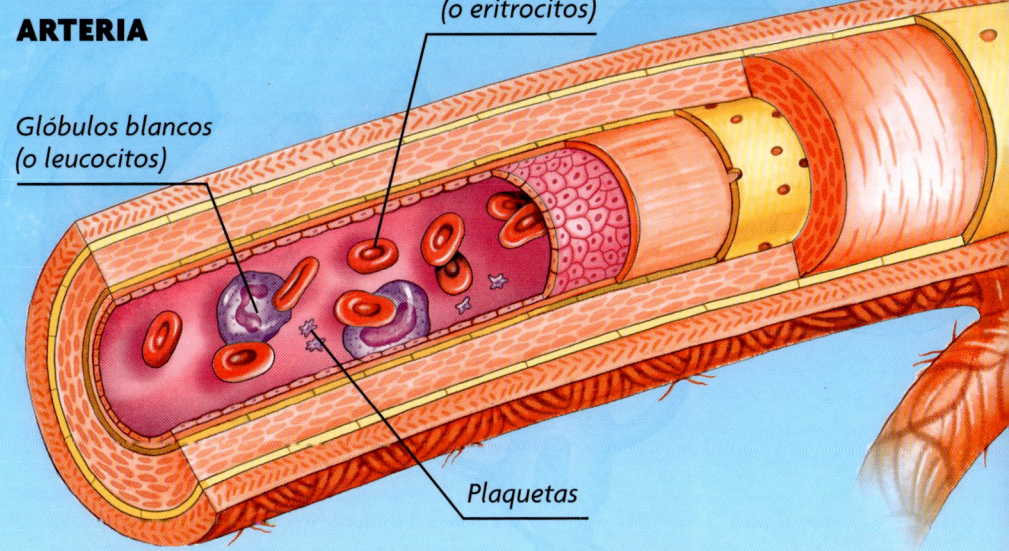

Glóbulos rojos (o eritrocitos)

Glóbulos blancos (o leucocitos)

Plaquetas

TENSIÓN ARTERIAL

Es la fuerza que ejerce la sangre contra las arterias. Se mide con el tensiómetro y, si da un resultado muy alto o muy bajo, puede ser peligroso para la salud.

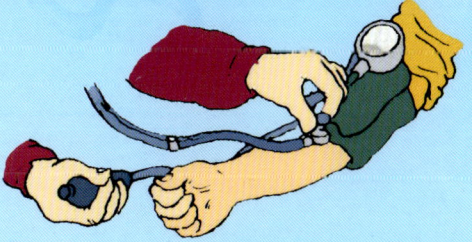

ELEMENTOS DE LA SANGRE

El sistema arterial es una compleja red de arterias que se encarga de transportar, desde el corazón hasta todos los rincones del organismo, la sangre oxigenada en los pulmones, imprescindible para alimentar a las células y producir la energía que estas necesitan.

ARTERIAS

Forman una compleja red de conductos, cada vez más finos, a través de los cuales circula la sangre oxigenada. Las arterias están formadas por varias capas que aseguran que el transporte de sangre se realice correctamente.

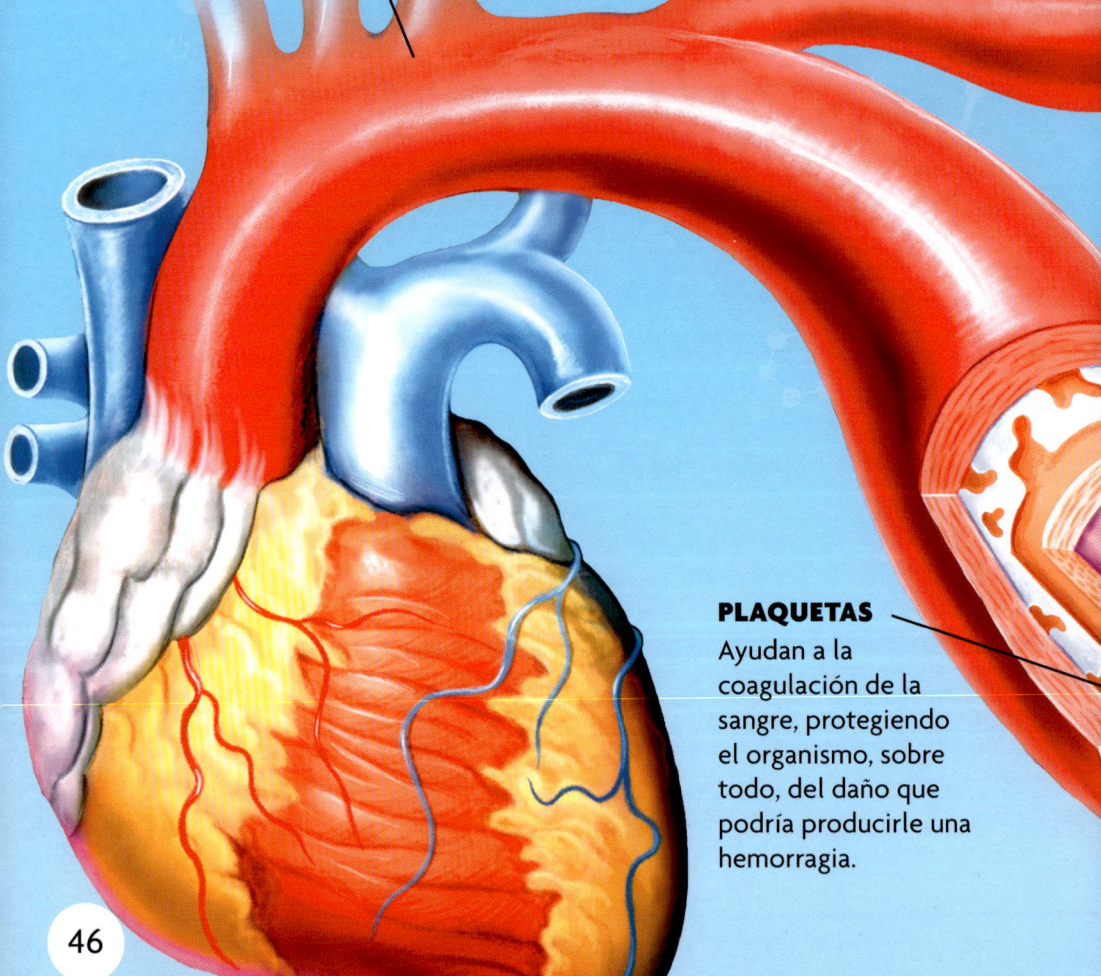

PLAQUETAS

Ayudan a la coagulación de la sangre, protegiendo el organismo, sobre todo, del daño que podría producirle una hemorragia.

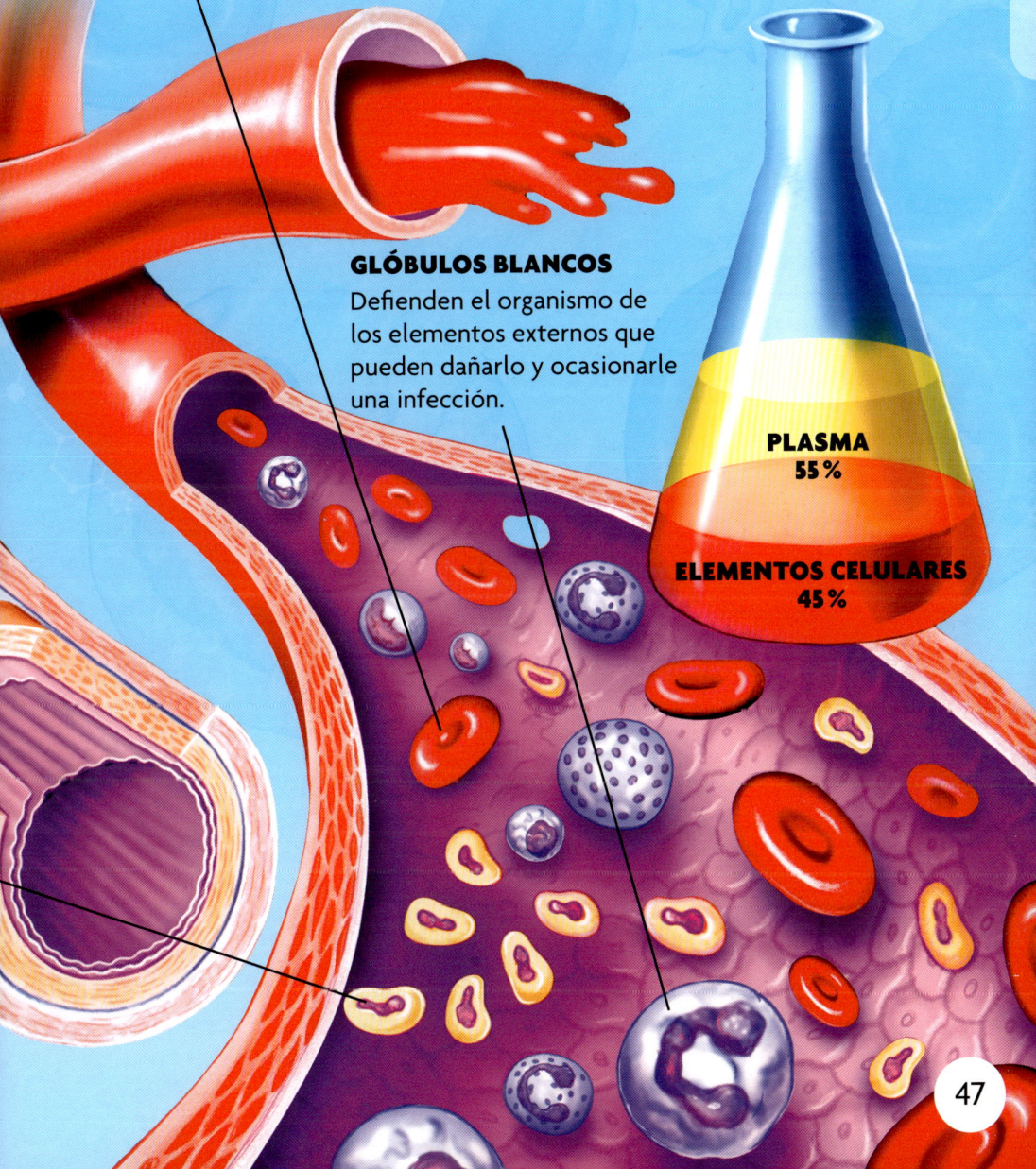

GLÓBULOS ROJOS

En su camino de ida, los glóbulos rojos se encargan de transportar el oxígeno desde los pulmones hasta las células, mientras que en el de vuelta recogen el dióxido de carbono, residuo que producen las células, y lo transportan a los pulmones, para ser eliminado mediante la respiración. En individuos sanos, la concentración de glóbulos rojos en la sangre es estable.

GLÓBULOS BLANCOS

Defienden el organismo de los elementos externos que pueden dañarlo y ocasionarle una infección.

PLASMA
55 %

ELEMENTOS CELULARES
45 %

SISTEMA INMUNITARIO

El inmunitario es el sistema defensivo principal del cuerpo humano. Está formado por un conjunto de órganos y mecanismos cuya función es la formación de anticuerpos y células para luchar contra los elementos extraños y sustancias que puedan dañar el cuerpo.

Los órganos inmunitarios se encuentran en diferentes partes del cuerpo, bastante separados unos de otros.

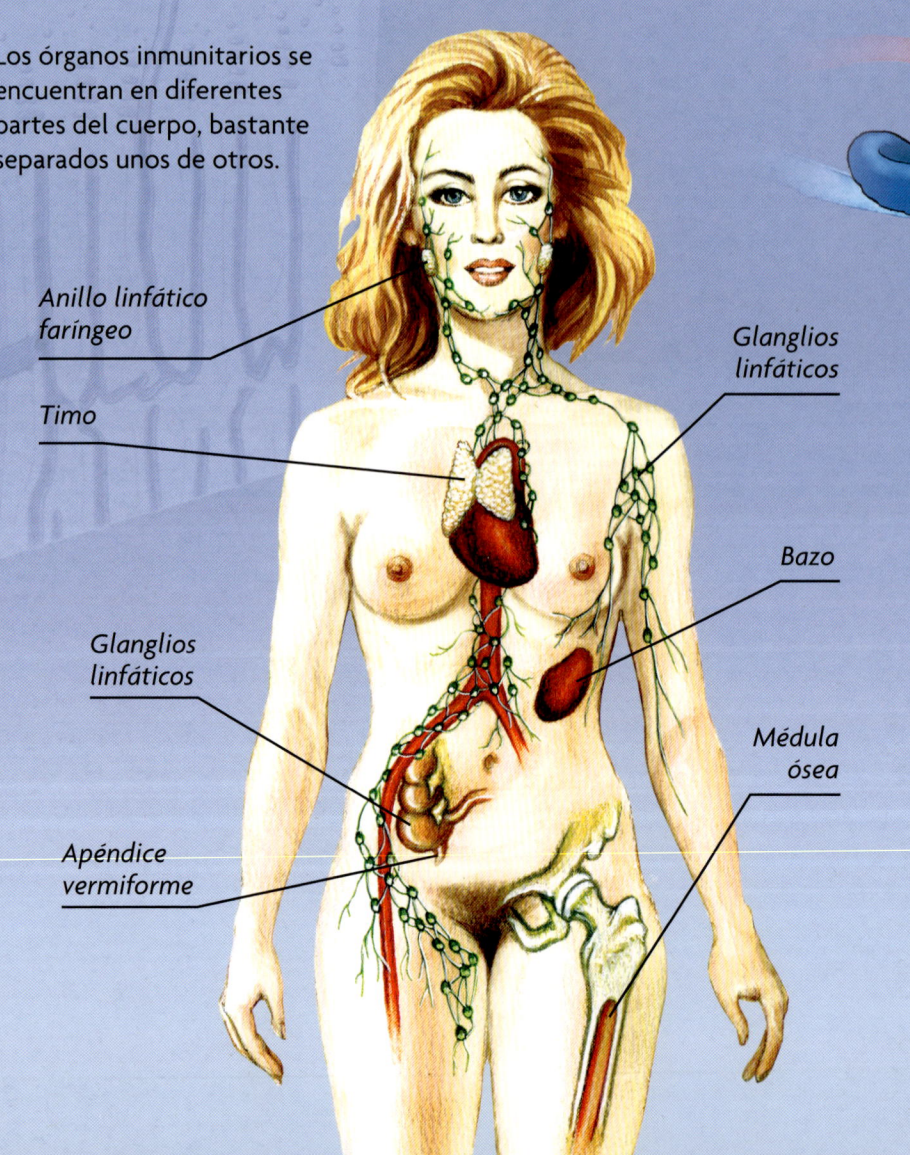

Anillo linfático faríngeo

Timo

Glanglios linfáticos

Bazo

Glanglios linfáticos

Médula ósea

Apéndice vermiforme

SISTEMA LINFÁTICO

El sistema linfático, formado por conductos y ganglios por los que circula la linfa, va paralelo a la red sanguínea. Su función es recoger líquidos y proteínas excedentes para trasladarlos a la sangre y que sean depurados en ella.

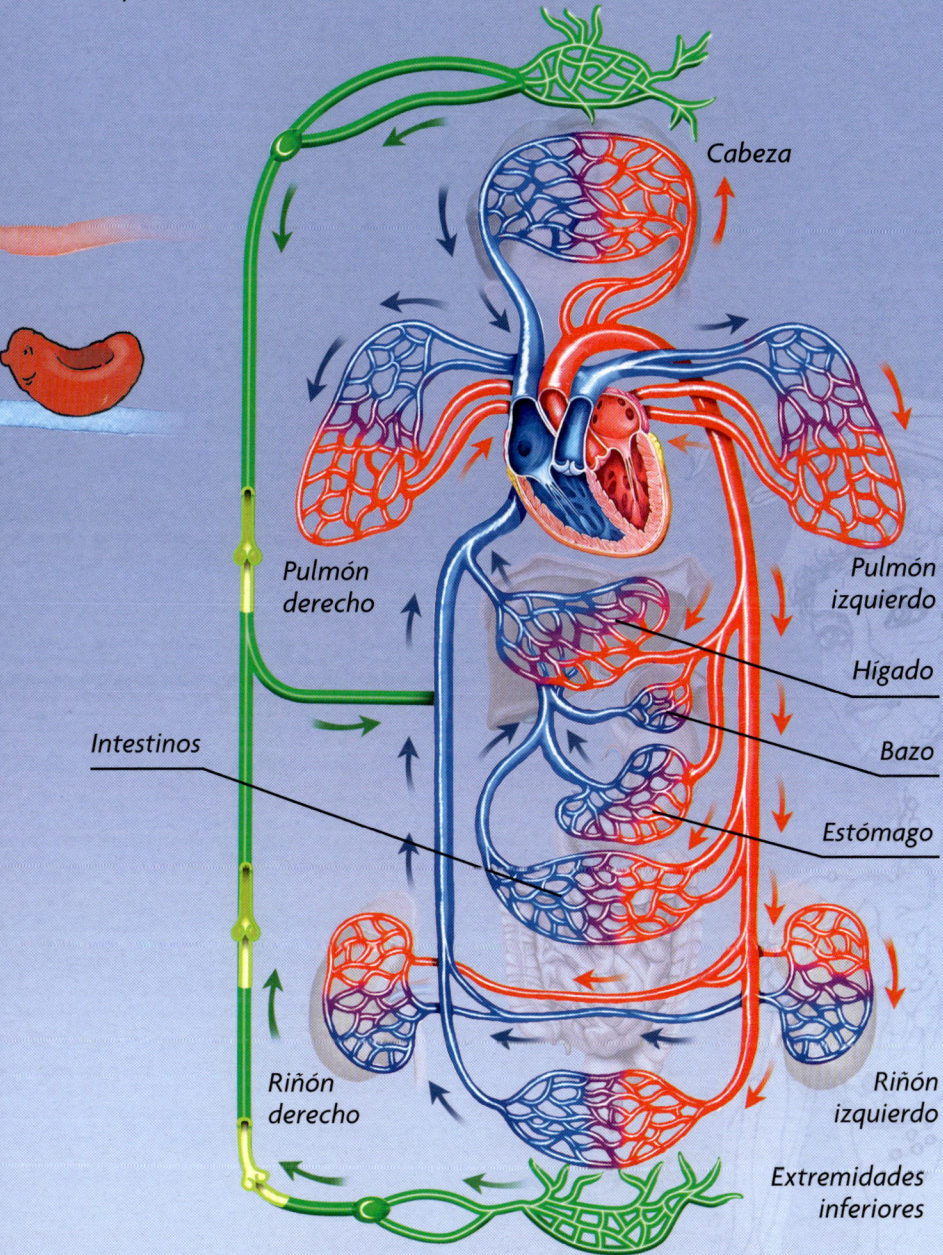

Cabeza

Pulmón derecho

Pulmón izquierdo

Hígado

Bazo

Intestinos

Estómago

Riñón derecho

Riñón izquierdo

Extremidades inferiores

GANGLIOS LINFÁTICOS

Son la unidad funcional más importante del sistema inmunitario. Se reparten por todo el cuerpo en forma de grupos ganglionares (axilas, ingles, cuello, etc.) a lo largo de la red linfática.

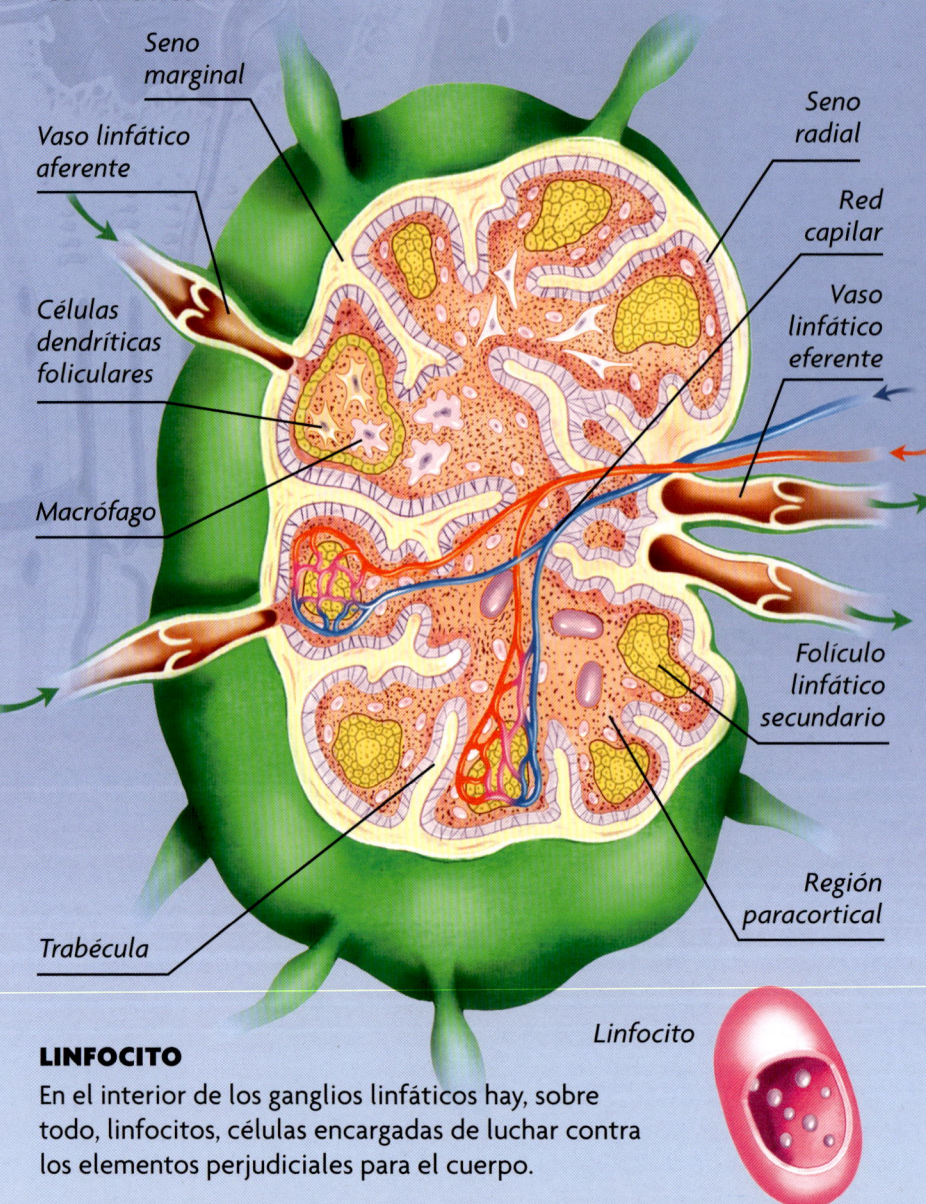

Seno marginal

Vaso linfático aferente

Células dendríticas foliculares

Macrófago

Trabécula

Seno radial

Red capilar

Vaso linfático eferente

Folículo linfático secundario

Región paracortical

Linfocito

LINFOCITO

En el interior de los ganglios linfáticos hay, sobre todo, linfocitos, células encargadas de luchar contra los elementos perjudiciales para el cuerpo.

El tamaño de los ganglios linfáticos es muy variable y depende del grado de actividad que cada uno desarrolla.

GANGLIO LINFÁTICO

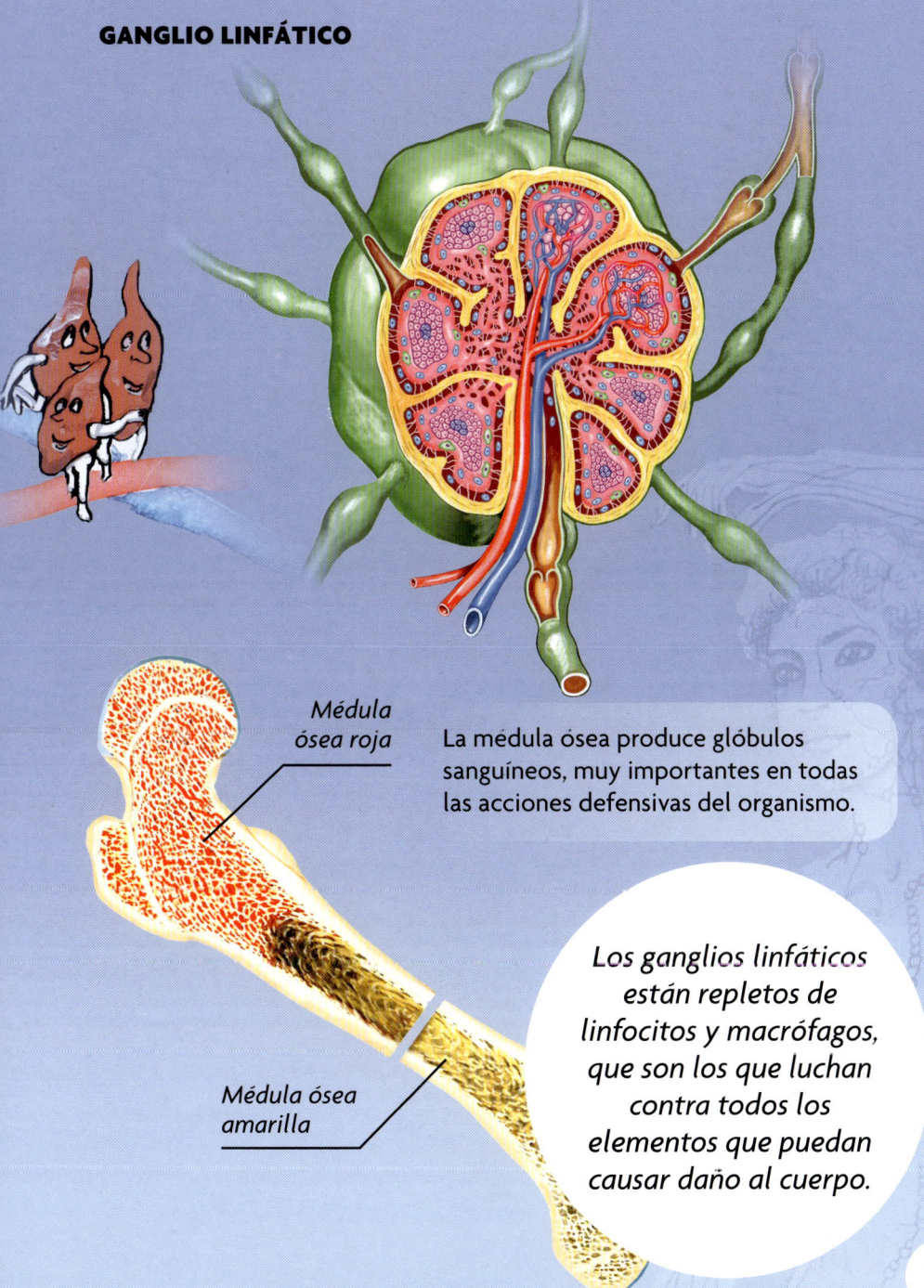

Médula ósea roja

La médula ósea produce glóbulos sanguíneos, muy importantes en todas las acciones defensivas del organismo.

Médula ósea amarilla

Los ganglios linfáticos están repletos de linfocitos y macrófagos, que son los que luchan contra todos los elementos que puedan causar daño al cuerpo.

SISTEMA NERVIOSO

El sistema nervioso controla todos los aparatos y sistemas del cuerpo. Regula todas las sensaciones y, en función de ello, da las órdenes pertinentes en cada momento. Su misión es controlar las acciones, movimientos, pensamientos y procesos que ocurren en el organismo. Lo componen los nervios, la médula espinal y el encéfalo.

Del cerebro sale un conjunto de nervios que se dirigen a todo el cuerpo. Cada nervio se convierte en una vía para transmitir información desde el cerebro a un órgano y desde el órgano al cerebro.

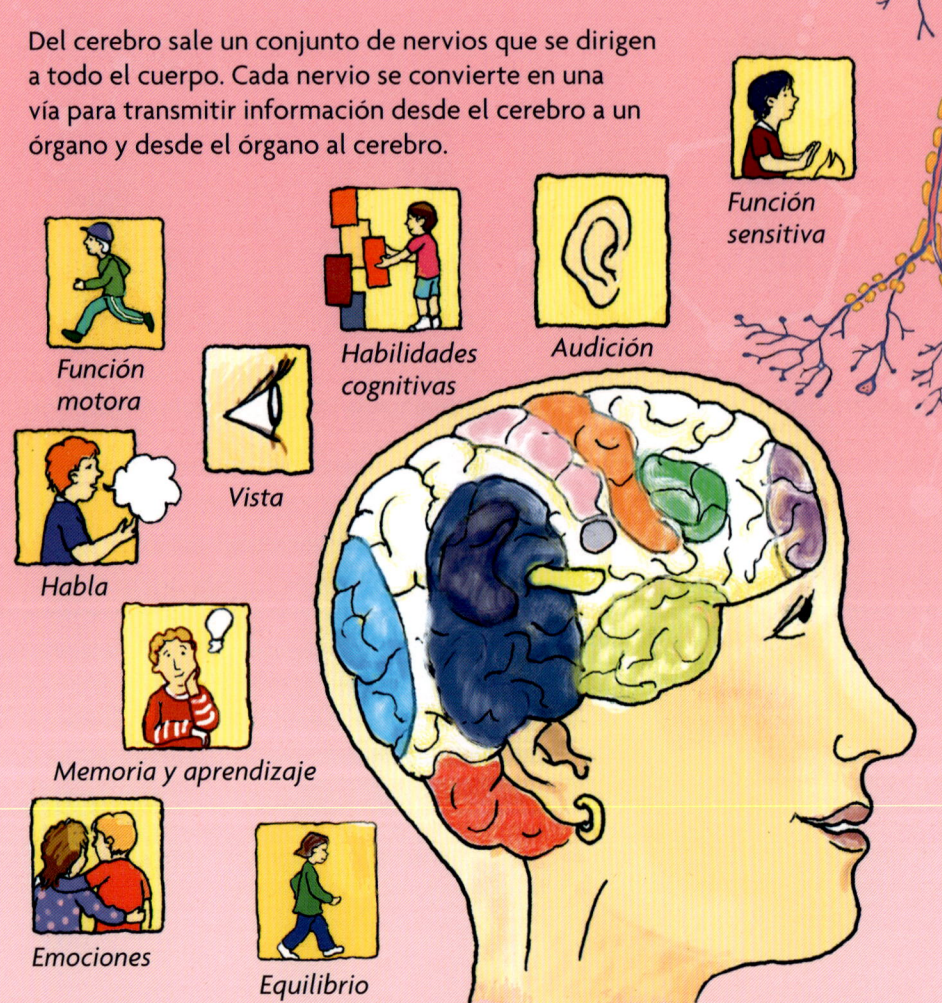

Función
sensitiva

Función
motora

Habilidades
cognitivas

Audición

Vista

Habla

Memoria y aprendizaje

Emociones

Equilibrio

El sistema nervioso, del cual se desconoce todavía mucho, es el más complejo de todos los aparatos y sistemas del organismo.

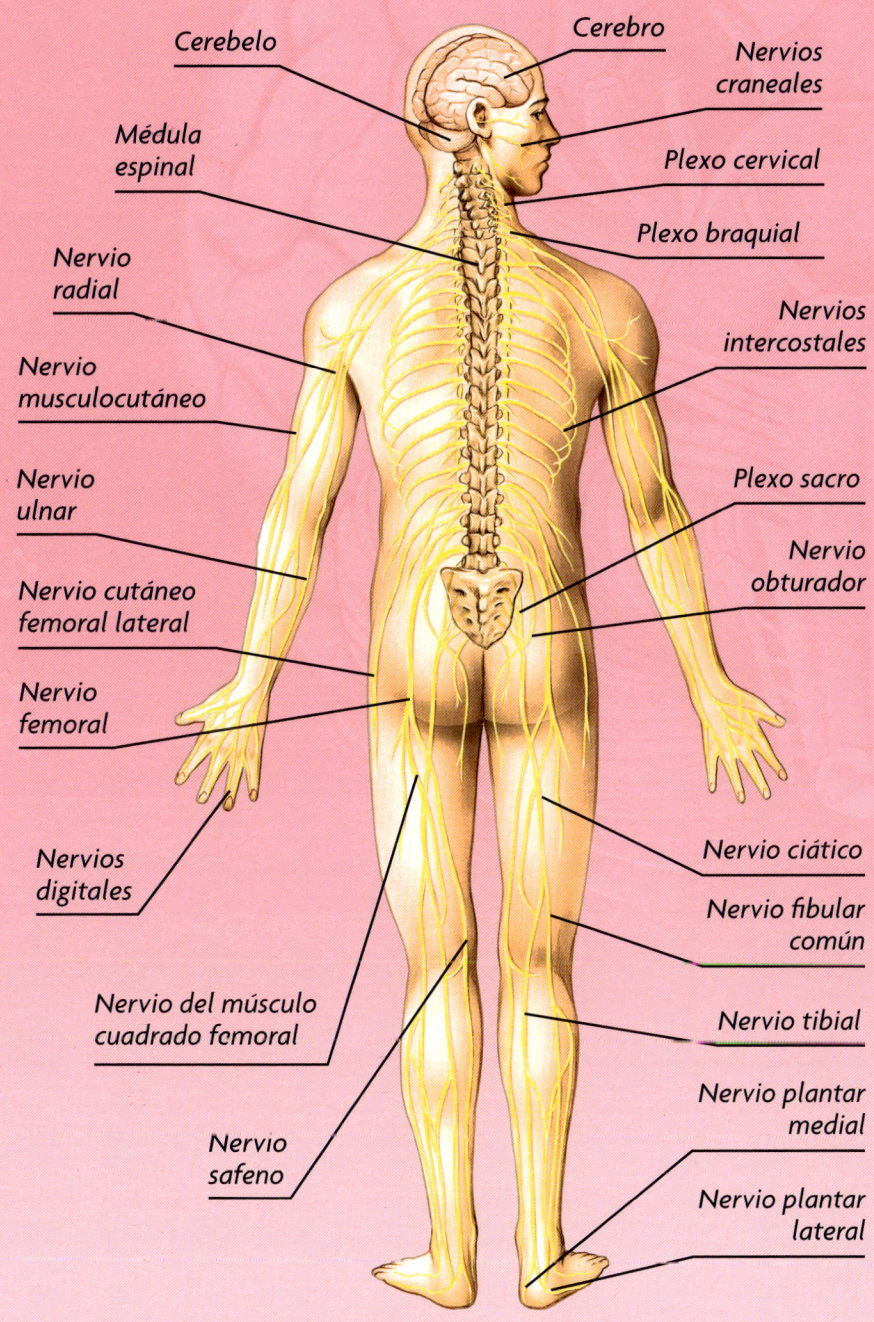

Cerebelo

Cerebro

Nervios craneales

Médula espinal

Plexo cervical

Plexo braquial

Nervio radial

Nervios intercostales

Nervio musculocutáneo

Nervio ulnar

Plexo sacro

Nervio obturador

Nervio cutáneo femoral lateral

Nervio femoral

Nervios digitales

Nervio ciático

Nervio fibular común

Nervio del músculo cuadrado femoral

Nervio tibial

Nervio plantar medial

Nervio safeno

Nervio plantar lateral

EL CEREBRO

El cerebro es un órgano muy complejo que controla los movimientos voluntarios, el habla, las emociones, la inteligencia... de una persona, y procesa la información que recibe a través de los sentidos.

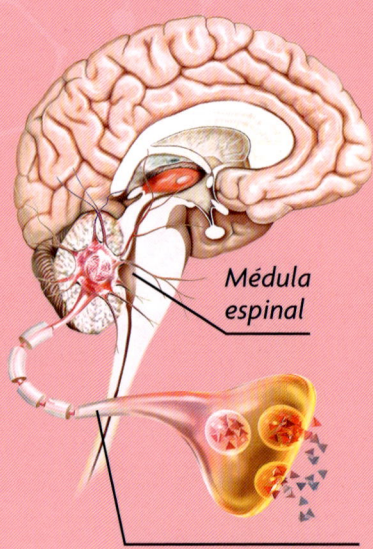

Médula espinal

Axón (transporta los impulsos nerviosos)

Para que la información entre lo que sucede en cualquier parte del cuerpo y el cerebro pueda circular sin problemas, el organismo cuenta con una serie de elementos y estructuras, cada uno con una función específica.

La médula espinal es un conducto de unos 45 cm de longitud que desciende desde el cerebro hasta la parte inferior de la espalda. Es casi tan ancha como un dedo, pero en su parte final se afina para formar una cola. Por ella circula una gran cantidad de información que va y viene del cerebro.

NEURONAS

La neurona es la célula fundamental del sistema nervioso. Cada una de ellas pertenece a un grupo determinado que se especializa en una acción concreta.

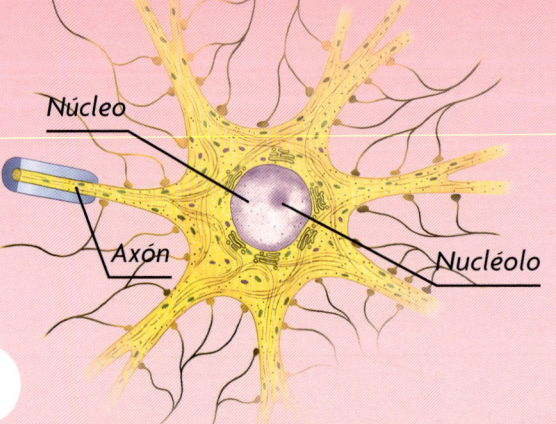

Núcleo

Axón

Nucléolo

Cerebelo

Bulbo raquídeo

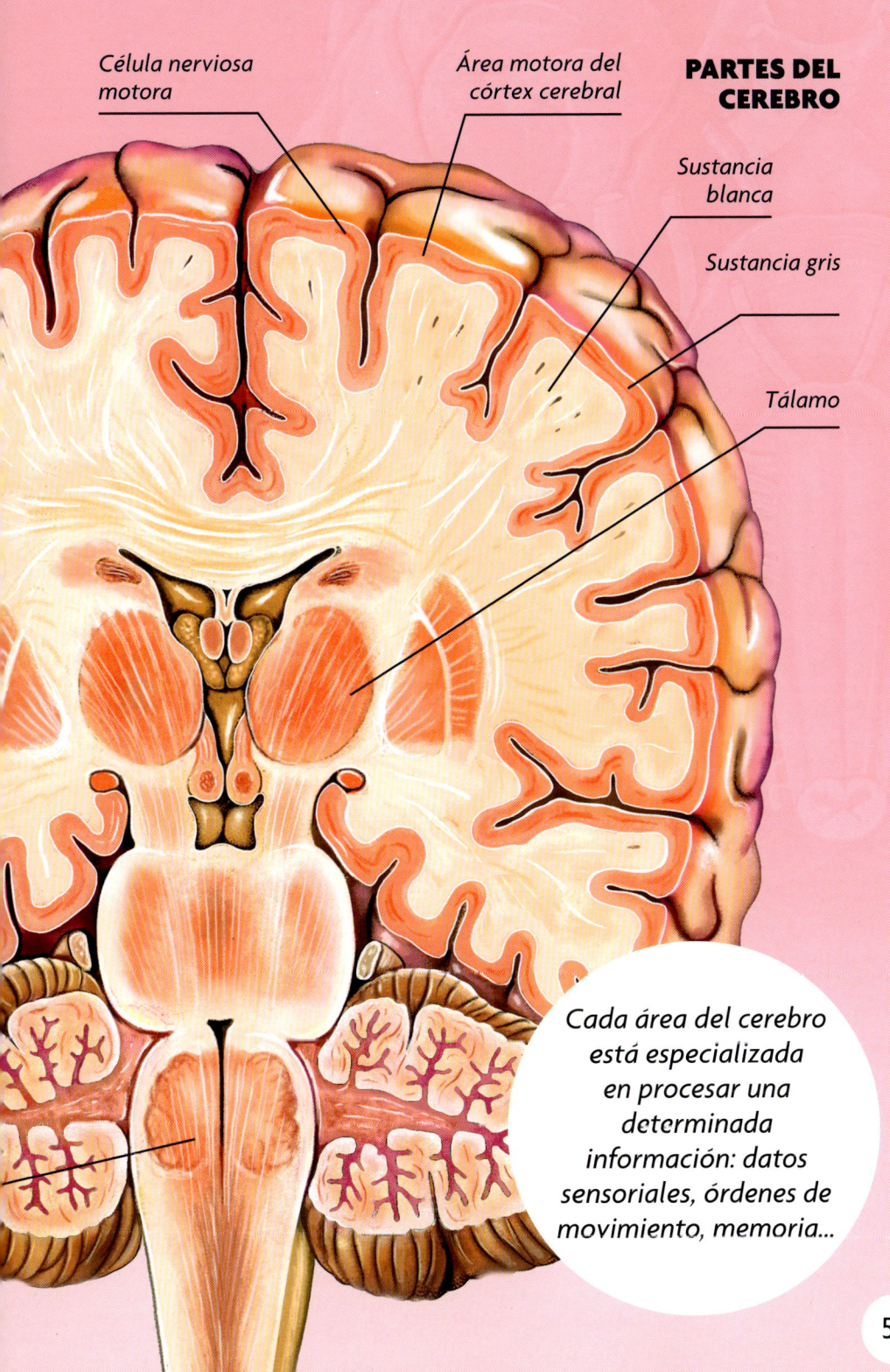

Célula nerviosa
motora

Área motora del
córtex cerebral

**PARTES DEL
CEREBRO**

Sustancia
blanca

Sustancia gris

Tálamo

Cada área del cerebro
está especializada
en procesar una
determinada
información: datos
sensoriales, órdenes de
movimiento, memoria...

55

SISTEMA ENDOCRINO

El sistema endocrino, que viene a ser como un complemento del sistema nervioso, está formado por un conjunto de glándulas y otras estructuras encargadas de producir hormonas y aportarlas a la sangre.

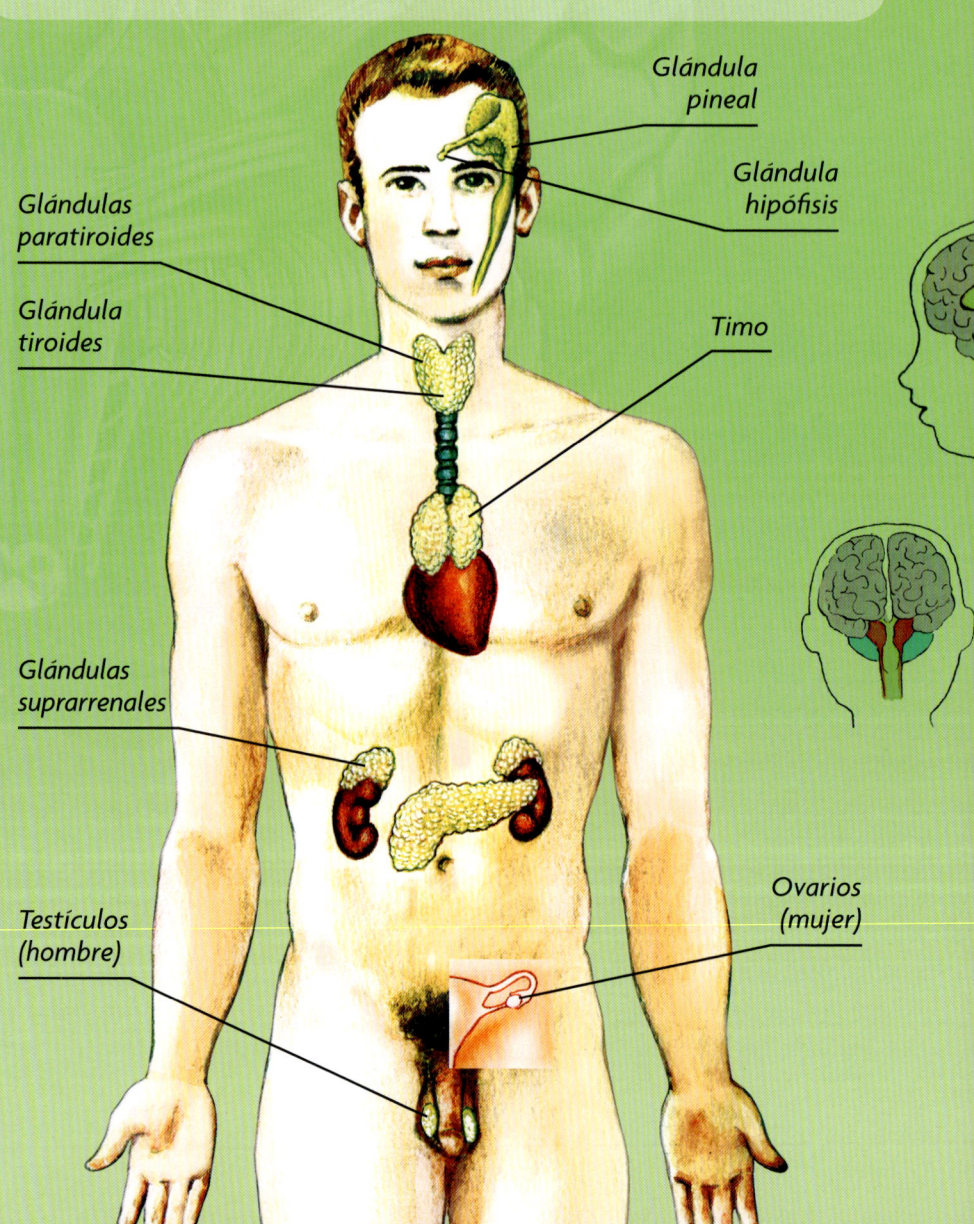

Glándula pineal

Glándula hipófisis

Glándulas paratiroides

Glándula tiroides

Timo

Glándulas suprarrenales

Testículos (hombre)

Ovarios (mujer)

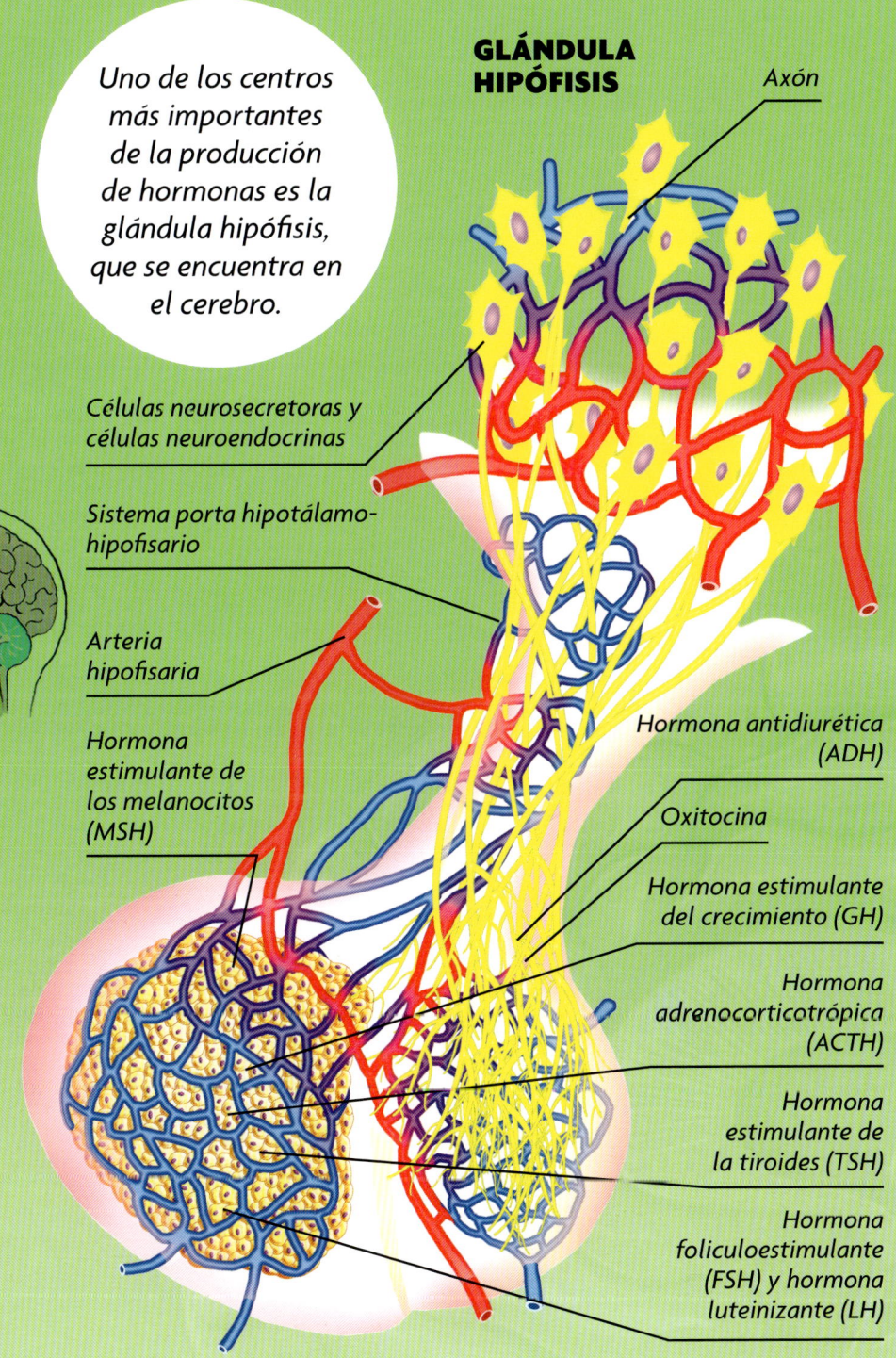

Uno de los centros más importantes de la producción de hormonas es la glándula hipófisis, que se encuentra en el cerebro.

GLÁNDULA HIPÓFISIS

Axón

Células neurosecretoras y células neuroendocrinas

Sistema porta hipotálamo-hipofisario

Arteria hipofisaria

Hormona estimulante de los melanocitos (MSH)

Hormona antidiurética (ADH)

Oxitocina

Hormona estimulante del crecimiento (GH)

Hormona adrenocorticotrópica (ACTH)

Hormona estimulante de la tiroides (TSH)

Hormona foliculoestimulante (FSH) y hormona luteinizante (LH)

GLÁNDULAS ENDOCRINAS

El sistema endocrino se encarga de fabricar diferentes hormonas que necesita el cuerpo humano. Cada hormona tiene una determinada función, generalmente relacionada con la actividad química de las diferentes células.

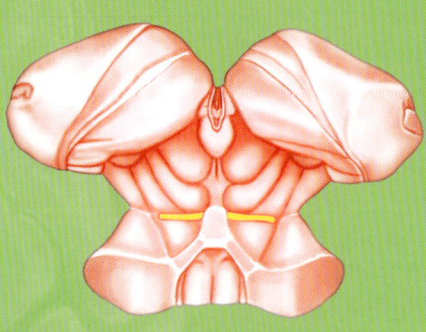

PINEAL

Produce la melatonina, que influye en los ciclos sueño-vigilia.

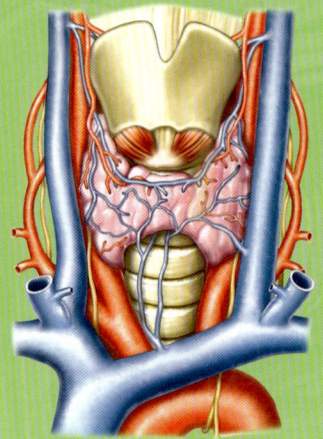

TIROIDES

Produce la tiroxina y la triyodotiroxina, que regulan el metabolismo basal y la maduración del sistema nervioso.

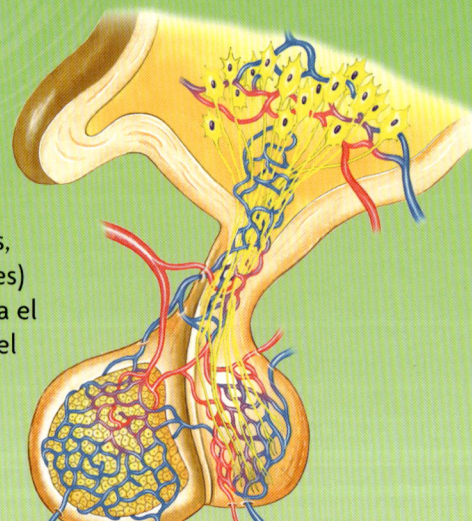

HIPÓFISIS

Fabrica hormonas que regulan la actividad de otras glándulas (tiroides, glándulas renales o glándulas sexuales) y la hormona del crecimiento. Regula el funcionamiento del riñón, así como el parto y la lactancia en la mujer.

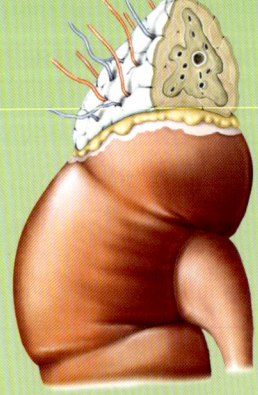

SUPRARRENAL

Produce mineralcorticoides, que mantienen el equilibrio entre los líquidos y minerales del organismo.

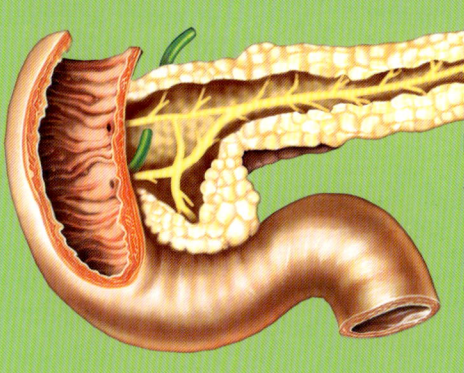

PÁNCREAS

Segrega diferentes sustancias muy importantes en la digestión. También produce insulina y somatostatina, que regulan el tránsito de la glucosa, principal alimento de las células, al interior de estas.

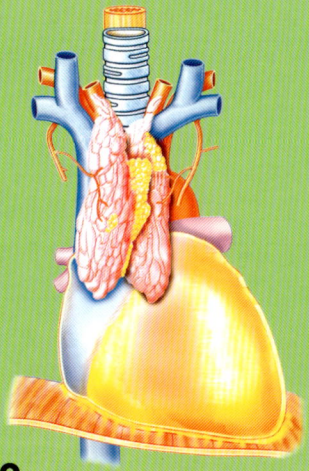

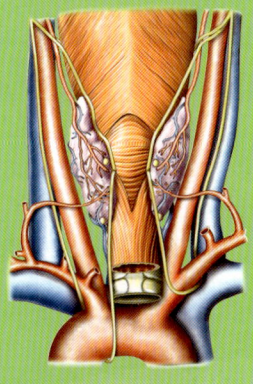

PARATIROIDES

Produce la parathormona, que controla el metabolismo del calcio y el fósforo y regula el crecimiento de los huesos.

TIMO

Segrega sustancias de actividad hormonal, sobre todo en los primeros años de vida de la persona.

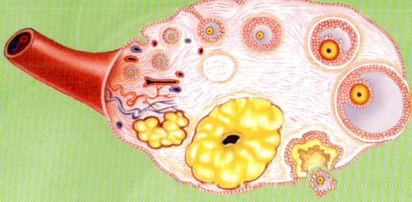

OVARIOS

Producen los óvulos o células sexuales femeninas y las hormonas (estrógenos y progesterona) que mantienen los caracteres sexuales femeninos y regulan el ciclo menstrual.

TESTÍCULOS

Producen los espermatozoides (células sexuales masculinas) y la testosterona, esencial para determinar los caracteres sexuales masculinos.

LOS SENTIDOS

Gracias a ellos conocemos todo lo que nos rodea; son las principales herramientas con que contamos para interactuar con el mundo exterior. Tenemos cinco órganos de los sentidos: el tacto (en la piel), la vista (en los ojos), el oído (dentro de la oreja; aquí también se controla el equilibrio), el olfato (en la nariz) y el gusto (en la lengua).

LA VISTA

El sentido de la vista está formado por órganos muy diferentes, tanto por su funcionamiento como por su constitución. Su función es captar la luz y su intensidad y reproducir una imagen del objeto capaz de emitir luz, ya sea propia o reflejada.

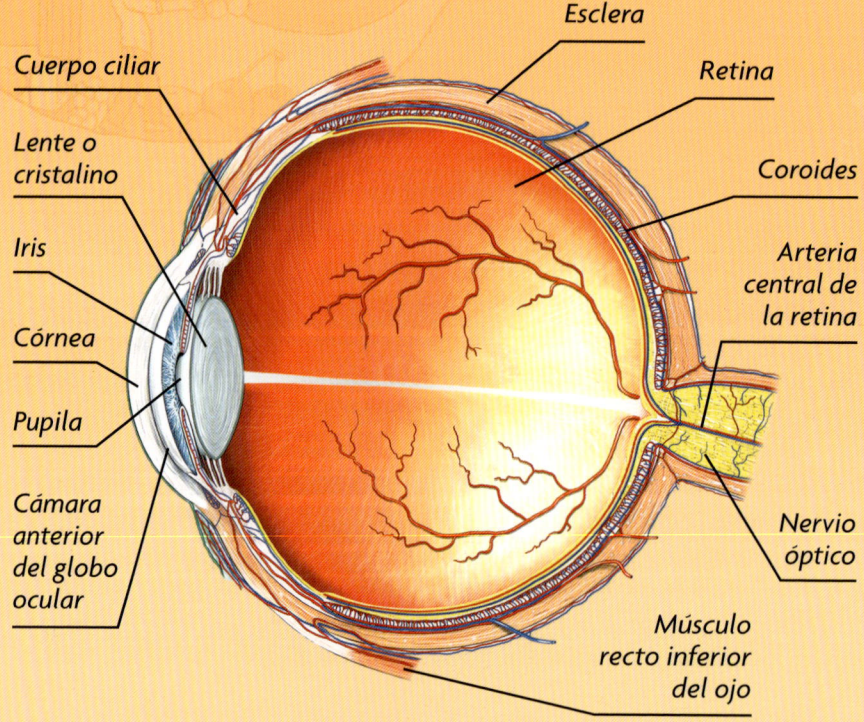

Esclera

Cuerpo ciliar

Retina

Lente o cristalino

Coroides

Iris

Arteria central de la retina

Córnea

Pupila

Cámara anterior del globo ocular

Nervio óptico

Músculo recto inferior del ojo

EL OÍDO

Es el órgano encargado de recibir los ruidos del exterior del cuerpo. Se divide en tres partes (oído externo, medio e interno) y contiene el nervio facial, encargado de transmitir al cerebro las señales auditivas.

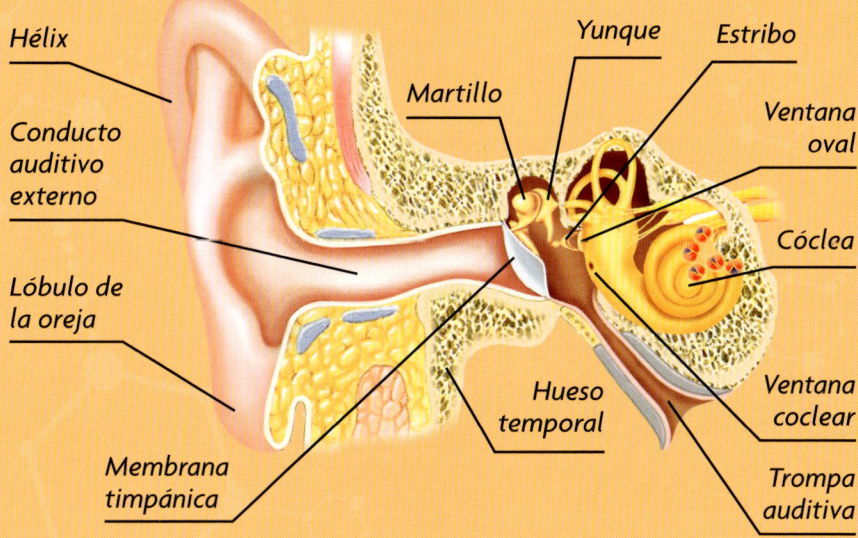

Hélix

Conducto auditivo externo

Lóbulo de la oreja

Membrana timpánica

Yunque

Martillo

Estribo

Ventana oval

Cóclea

Hueso temporal

Ventana coclear

Trompa auditiva

EL OLFATO

Es el encargado de detectar la presencia de sustancias volátiles en el medio ambiente. Se inicia en las dos fosas nasales que se abren en la nariz. El ser humano tiene menos capacidad olfativa que muchos animales.

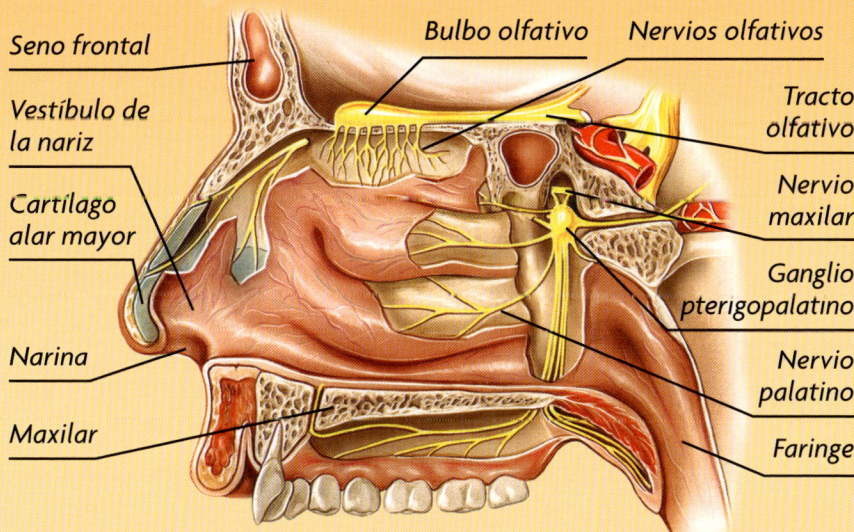

Seno frontal

Vestíbulo de la nariz

Cartílago alar mayor

Narina

Maxilar

Bulbo olfativo

Nervios olfativos

Tracto olfativo

Nervio maxilar

Ganglio pterigopalatino

Nervio palatino

Faringe

EL GUSTO

El sentido del gusto, gracias al cual podemos percibir los sabores, se encuentra en la lengua y en la parte anterior del paladar. En los bordes de la lengua se sitúan las sensaciones de los diferentes gustos básicos que percibe la persona: dulce, salado, amargo, ácido y umami.

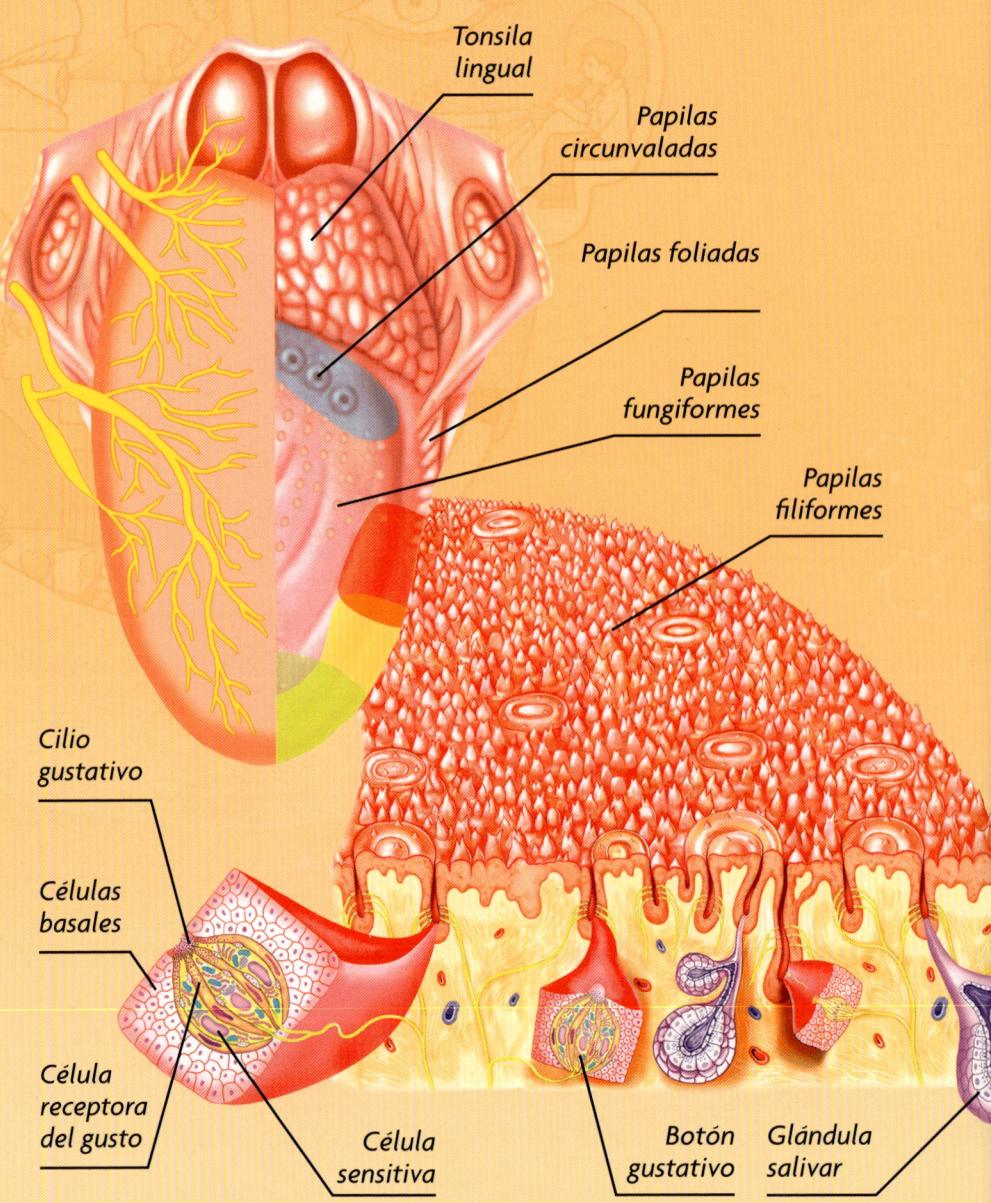

Tonsila lingual

Papilas circunvaladas

Papilas foliadas

Papilas fungiformes

Papilas filiformes

Cilio gustativo

Células basales

Célula receptora del gusto

Célula sensitiva

Botón gustativo

Glándula salivar

EL TACTO

Es el sentido mediante el cual la persona puede sentir sobre su piel diferentes sensaciones: presión, frío, calor, dolor, etc. El órgano principal del tacto es la piel, que está dotada de una serie de células, cada una especializada en detectar un tipo de sensación.

Cerebro

Médula espinal

Vías de transmisión al cerebro desde el punto de percepción de una sensación

Punto de percepción de una sensación

Además de los cinco sentidos tradicionales, diversos teóricos sostienen que existen otros muchos sentidos.

Entre ellos, el sentido del equilibrio y el movimiento, el sentido de la conciencia del propio cuerpo, la capacidad para detectar la dirección y la orientación, para percibir la temperatura del ambiente, para sentir la sed y el hambre, etc.

APARATO REPRODUCTOR

Los hombres y las mujeres tenemos un conjunto de órganos destinados a la reproducción. De la unión del óvulo y el espermatozoide resulta un óvulo fecundado.

APARATO REPRODUCTOR MASCULINO

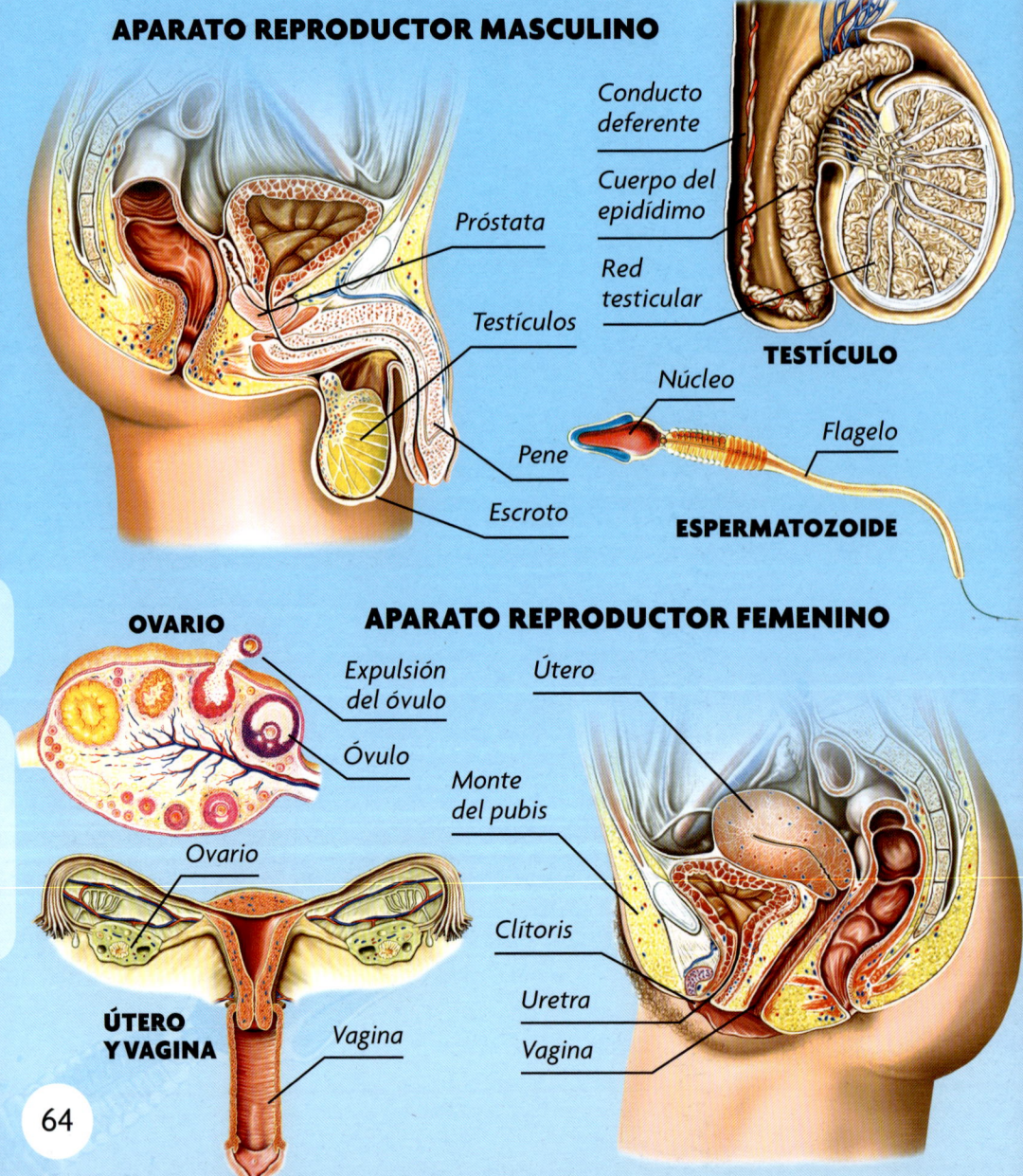

Próstata

Testículos

Pene

Escroto

Conducto deferente

Cuerpo del epidídimo

Red testicular

TESTÍCULO

Núcleo

Flagelo

ESPERMATOZOIDE

APARATO REPRODUCTOR FEMENINO

OVARIO

Expulsión del óvulo

Óvulo

Útero

Monte del pubis

Ovario

ÚTERO Y VAGINA

Vagina

Clítoris

Uretra

Vagina